新时代道路客运体系

优化策略与创新发展研究

RESEARCH ON OPTIMIZATION STRATEGIES AND INNOVATIVE DEVELOPMENT OF ROAD PASSENGER TRANSPORT SYSTEM IN THE NEW ERA

殷焕焕　解晓玲　祝　昭　杨海龙　编著

人民交通出版社

北京

内 容 提 要

本书分为体系优化篇和制度展望篇。体系优化篇基于现有政策框架，围绕道路客运转型升级的核心主题，在充分分析道路客运行业发展现状、发展面临的问题与困难的基础上，从道路客运行业内外、交通运输系统内外、社会经济全局的视角，明晰新发展阶段道路客运的功能定位与转型升级思路目标，聚焦行业效率提升、质量提升、动力变革和行业治理能力提升等方面，提出推进道路客运转型升级发展策略及推进路径，为全面深入推进道路客运转型发展提供思路和方向。制度展望篇着眼未来发展，顺应道路客运发展的大环境、大趋势，从转变管理理念、调整管理思路、优化管理方式等角度开展了道路客运治理体系优化前瞻性研究，提出未来深化道路客运管理改革的制度设计与建议，为加快推进道路客运行业管理改革提供决策参考。

本书内容可为道路客运行业管理人员、企业管理人员、研究人员提供参考，亦可为地方政府部门加快推进道路客运行业转型发展提供决策参考。

图书在版编目(CIP)数据

新时代道路客运体系优化策略与创新发展研究 / 殷焕焕等编著. — 北京：人民交通出版社股份有限公司，2024.5

ISBN 978-7-114-19497-9

Ⅰ.①新… Ⅱ.①殷… Ⅲ.①公路运输—旅客运输—客运组织—研究 Ⅳ.①U492.4

中国国家版本馆CIP数据核字(2024)第076746号

Xinshidai Daolu Keyun Tixi Youhua Celüe yu Chuangxin Fazhan Yanjiu

书　　名：	新时代道路客运体系优化策略与创新发展研究
著 作 者：	殷焕焕　解晓玲　祝　昭　杨海龙
责任编辑：	姚　旭
责任校对：	孙国靖　宋佳时
责任印制：	刘高彤
出版发行：	人民交通出版社
地　　址：	(100011)北京市朝阳区安定门外外馆斜街3号
网　　址：	http://www.ccpcl.com.cn
销售电话：	(010)59757973
总 经 销：	人民交通出版社发行部
经　　销：	各地新华书店
印　　刷：	北京市密东印刷有限公司
开　　本：	720×960　1/16
印　　张：	10.5
字　　数：	162千
版　　次：	2024年5月　第1版
印　　次：	2024年5月　第1次印刷
书　　号：	ISBN 978-7-114-19497-9
定　　价：	68.00元

(有印刷、装订质量问题的图书，由本社负责调换)

前言

道路客运是保障人民群众出行的基础性、兜底性、普惠性交通方式，长期以来在综合运输体系中占据着绝对主导地位，有力支撑了经济社会发展。随着我国经济由高速增长阶段转向高质量发展阶段，新时代加快建设交通强国、构建现代综合交通运输体系，都对道路客运发展提出了更高要求。随着生活水平的日益提高、社会生产生活交往的日益频繁以及信息科技的日新月异，人民群众对于出行的需要已经由以前的"走得了"向"走得好"转变，呈现出明显的多样化、快速化、高端化的趋势。道路客运虽然满足了"走得了"的基本需求，但是在服务便捷性、品质化、差异化、普遍性、安全性等方面与人民群众日益增长的美好生活需求相比差距还很大，仍没满足"走得好"的高阶目标，行业发展到了转变发展方式、优化供给结构、转换增长动力的攻关期。如何在客运市场环境发生深刻变化的时代背景下，找准新发展阶段道路客运发展的功能定位，积极谋划道路客运行业改革转型、升级发展的新路径，着力推进道路客运质量变革、效率变革、动力变革，优化道路客运运营服务体系，提升道路客运服务能力和品质，提供更加安全、便捷、高效、绿色、经济的道路客运服务，成为当前我国道路客运行业发展面临的紧要任务。

立足于道路客运行业发展的新形势、新变化、新特点，依托交通运输战略规划政策项目"道路客运线网场站布局和运营模式优化策略及路径研究"及中央级公益性科研院所基本科研业务费专项资金项目"道路旅客运输高质量发展推进路径研究""定制客运运行监测指标体系架构研究""优化道路客运经营分类及管理制度创新研究""租赁车辆从事客运的风险分析和管理制度研究"等项目研究成果,我们整理编著了本书。全书分为体系优化篇和制度展望篇,系统研究了新发展阶段道路客运体系优化创新发展策略。其中,体系优化篇基于现有政策框架,围绕道路客运转型升级的核心主题,在充分分析道路客运行业发展现状、发展面临的问题与困难的基础上,从道路客运行业内外、交通运输系统内外、社会经济全局的视角,明晰新发展阶段道路客运的功能定位与转型升级思路目标,聚焦行业效率提升、质量提升、动力变革和行业治理能力提升等方面,提出推进道路客运转型升级发展策略及推进路径,为全面深入推进道路客运转型发展提供思路和方向。制度展望篇着眼未来发展,顺应道路客运发展的大环境、大趋势,从转变管理理念、调整管理思路、优化管理方式等角度开展了道路客运治理体系优化前瞻性研究,提出未来深化道路客运管理改革的制度设计与建议,为加快推进道路客运行业管理改革提供决策参考。

本书是编著者团队多年研究积累和共同智慧的结晶,书中部分理论和实践借鉴了已有相关研究成果,融合了道路客运行业和企业的创新转型实践。正是这些研究成果和实际探索推动了道路客运体系的不断创新和转型发展。

限于作者水平,书中难免存在疏漏和不足之处,恳请读者批评指正。

作 者

2023 年 12 月

目录

上篇　体系优化篇

第一章　道路客运发展现状及存在的问题 3
第一节　道路客运行业发展现状 3
第二节　发展面临的问题与困难 15

第二章　道路客运发展形势要求和趋势 20
第一节　发展新形势新要求 20
第二节　旅客出行需求变化 25
第三节　未来发展趋势研判 28

第三章　道路客运体系优化发展目标与策略 32
第一节　发展新定位 32
第二节　优化目标 34
第三节　过程要求 36
第四节　优化策略 38

第四章　新时代道路客运体系优化实施路径 45
第一节　提高优质服务供给 45

第二节　提高资源配置效率 50

第三节　提高均等服务能力 53

第四节　提高安全发展水平 55

下篇　制度展望篇

第五章　定制客运运行监测体系建设方案 59

第一节　定制客运运行特征分析 59

第二节　定制客运运行监测管理需求 64

第三节　定制客运运行监测指标体系 68

第四节　定制客运运行监测系统架构 72

第六章　包车客运运力投放机制改革策略 76

第一节　包车运力投放管理现状 76

第二节　包车运力投放机制改革总体思路 79

第三节　运力投放机制改革实施路径 82

第七章　互联网大数据背景下道路客运运营管理创新 86

第一节　互联网和大数据影响道路客运的理论认知 86

第二节　互联网和大数据对道路客运运营模式影响 95

第三节　互联网和大数据背景下政府创新管理思路及重点 110

第八章　车辆租赁模式下道路客运管理政策改革 118

第一节　车辆租赁的基本概念 119

第二节　客车租赁的现实需求 122

第三节　客车租赁模式构建与评估 125

第四节　管理改革政策建议 135

第九章　道路客运经营分类管理体系优化 138
　　第一节　管理体系优化的必要性分析 139
　　第二节　典型国家道路客运管理制度 142
　　第三节　道路客运经营分类管理优化设计 147
　　第四节　创新道路客运管理体系政策建议 151

参考文献 157

上篇

体系优化篇

第一章 道路客运发展现状及存在问题

第一节 道路客运行业发展现状

近年来,随着私家车保有量高位增长、高速铁路的快速发展成网以及定制客运、网络预约出租汽车(简称"网约车")等新业态、新模式的快速发展,道路客运市场格局正在不断调整,市场环境发生了深刻变化,传统道路客运发展呈整体下降态势,全国道路旅客发送班次、运力投放、旅客发送量等自2013年以来呈现连续下降趋势。2020年新冠疫情的暴发,更是进一步加速了行业下滑态势,班线减班、停运现象愈加突出,汽车客运站经营惨淡,普遍处于收不抵支、严重亏损的状态,关停、闲置问题日益突出。道路客运行业正面临内生动力不足、外部环境变化、市场份额萎缩等挑战,整体呈现出下行发展态势。

一、市场结构持续调整,公路客运主导地位发生变化

随着我国社会经济的快速发展,2000年以后我国交通运输行业进入了快速发展轨道,由公路、铁路、水路、民航四种主体交通运输方式完成的营业性客运量(不含城市公交和出租汽车客运)呈现连年高位增长态势,客运总量从2001年的153.4亿人次增长到2012年的380.4亿人次,年均增长率达到8.6%。从2013年开始,营业性客运量呈现逐年下滑态势。从运输总量看,2021年我国完成营业性客运量83.03亿人次、旅客周转量19758.15亿人·km,分别比2020年下降14.1%、增长2.6%。其中,公路完成营运性客运量50.87亿人次、旅客周转量3627.54亿人公里,分别比2020年下降26.2%,下降21.8%;铁路完成旅客发送量26.12亿人次、旅客周转量

9567.81亿人·km,分别比2020年增长18.5%、增长15.7%;水路完成营业性客运量1.63亿人次、旅客周转量33.11亿人·km,分别比上年增长9.0%、增长0.4%;民航完成客运量4.41亿人次、旅客周转量6529.68亿人·km,分别比2020年增长5.5%、增长3.5%。从总体趋势来看,排除新冠疫情影响,近年来铁路和民航的客运量基本维持了增长趋势,而公路客运量则在2012年达到历史最高值后连续呈现下降趋势,年均下降17.3%。随着客运市场结构的持续调整,宏观层面道路客运呈现供给总量过剩的局面。

图1-1显示了2001—2021年各种运输方式的客运量。

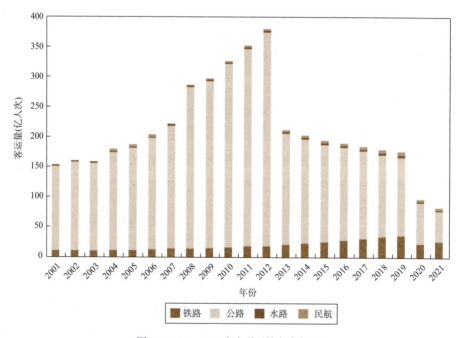

图1-1 2001—2021年各种运输方式客运量

从运输结构看,2021年公路客运量占全社会客运总量的61.3%,比2012年的93.5%下降了32.2%,并呈现逐年下降趋势,而铁路客运量占全社会客运总量的比例则从2012年的5.5%增长到2021年的31.5%,民航客运量占全社会客运总量的比例从2012年的0.8%增长到2021年的5.3%。可以看出,自2012年以来,虽然公路客运量在四种运输方式中占比仍然最大,且仍占绝对主体地位,但其所占比例却逐年降低,公路客运主导地位发生变化(图1-2)。

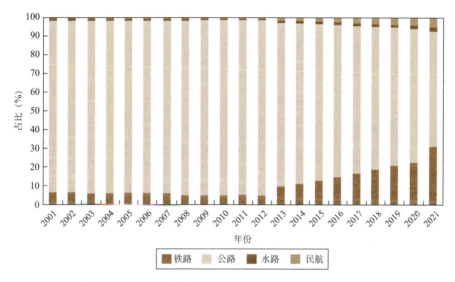

图1-2 2001—2021年各种运输方式在综合运输体系中所占比例

二、集约经营水平有所提高,旅游包车市场份额增加

从业户规模看,2021年我国道路客运经营业户总数为2.67万户,比2012年减少51.8%。其中,道路客运企业1.21万户,较2012年增加10.6%,市场占比由19.8%上升至45.3%;个体运输户1.46万户,比2012年减少67.2%,市场占比由80.2%下降至54.7%,道路客运市场集中度有所提高。从企业运力规模看,道路客运企业中拥有车辆数在10~49辆/户之间的比例持续保持最高,分别有42.3%的班车客运企业和52.4%的旅游、包车客运企业,道路客运企业规模化程度不断提升。2012—2021年我国道路客运经营业户规模及构成情况如图1-3所示。

从业务类型来看,2021年我国班车客运经营业户2.21万户,较2012年减少了56.6%;旅游、包车客运业户6314户,较2012年增加了49.9%。总体来看,2012—2021年班车客运经营业户数量在持续减少,年均减少8.5%,而旅游、包车客运经营业户数量年均增加4.9%,包车客运和旅游客运市场份额大幅增加。2012—2021年我国道路客运经营业户数量如图1-4所示。

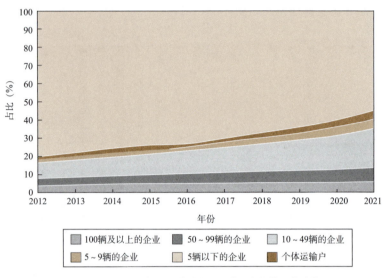

图 1-3　2012—2021 年我国道路客运经营业户规模及构成情况

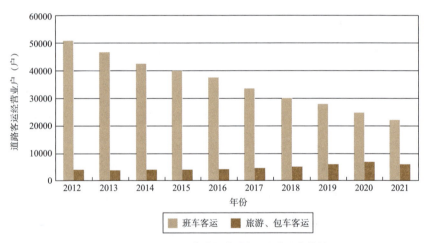

图 1-4　2012—2021 年我国道路客运经营业户数量

三、车辆规模持续下降，农村客运运力结构不断优化

从营运客车规模看，2021 年我国拥有营运载客汽车 58.7 万辆，比 2012 年减少 32.3%，拥有客位 1751.03 万个，比 2012 年下降 19.2%，道路客运车辆数和客位数都呈现出连年下降的趋势。2012—2021 年我国营运客车数量及客位数变化情况如

· 6 ·

图1-5所示。

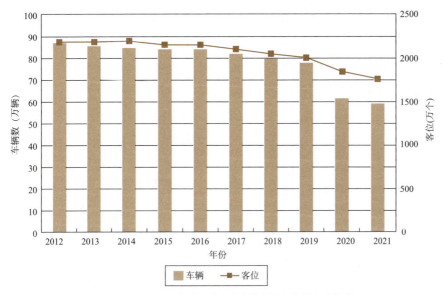

图1-5　2012—2021年我国营运客车数量及客位数变化情况

从农村客运车辆总数来看,2021年我国农村客运车辆总数为22.3万辆,比2012年减少38.2%。从农村客运车辆类型来看,2021年高级车辆占比6.8%,较2012年提高3.7个百分点;中级车辆占比40.7%,较2012年提高8.9个百分点,中高级农村客运车辆占比逐步提高,农村客运运力结构不断优化。2012—2021年我国农村客运车辆类型构成情况如图1-6所示。

四、班线客运出行需求逐年下降,线路结构持续调整

从线路数量看,截至2021年底,全国共开通客运班线14.36万条,较2012年减少18.9%,年平均日发班次为8.46万班次/日,较2012年减少52.0%,班线客运的线路数量和日发班次均呈现下降的趋势。2012—2021年全国道路客运班线开通及发车密度情况如图1-7所示。

从线路类型看,2021年全国共有一类客运班线0.89万条、二类客运班线2.96万条、三类客运班线2.07万条、四类客运班线8.44万条、占比分别为6.2%、20.6%、14.4%、58.8%,平均日发班次分别为2.66万班次/日、8.57万班次/日、11.95万班

次/日、61.42万班次/日,占比分别为3.1%、10.1%、14.1%和72.7%。可以看出,四类客运班线(即农村客运线路和毗邻县间客运线路)不论是客运班线条数还是年均日发班次数量在全部道路客运班线中占比均较大,2021年农村客运班线平均日发班占全部客运班线平均日发班次的66.1%,也侧面反映出农村地区是班线客运服务的重要阵地。图1-8所示为2021年全国道路客运班线结构。

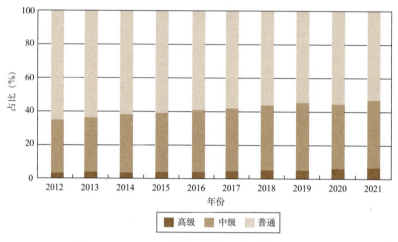

图1-6 2012—2021年我国农村客运车辆类型构成情况

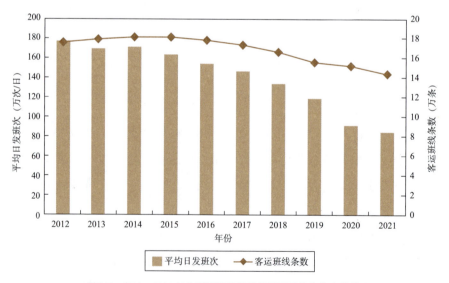

图1-7 2012—2021年全国道路客运班线开通及发车密度情况

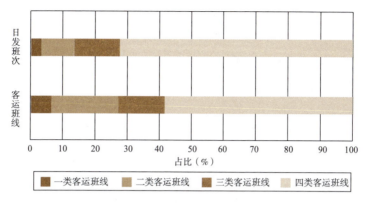

图 1-8　2021年全国道路客运班线结构

从线路长度看,2021年道路客运营运长度200km以下、200(含)~400km、400(含)~800km、800km(含)以上的客运线路数量分别为11.91万条、1.55万条、0.71万条、0.19万条,占比分别为82.9%、10.8%、4.9%、1.3%,较2012年分别减少14.0%、29.0%、34.9%、68.2%。可以看出,道路客运以200 km以下的短途运输为主,超长途班线尤其是800 km以上线路数量显著减少。图1-9所示为2012年和2021年道路客运班线不同线路长度数量,图1-10所示为2012—2021年不同长度客运班线线路条数变化情况。

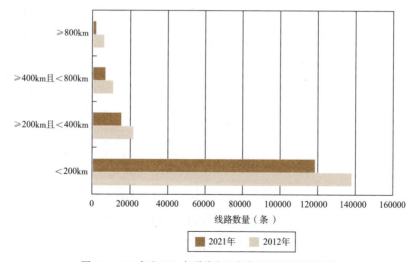

图 1-9　2012年和2021年道路客运班线不同线路长度数量

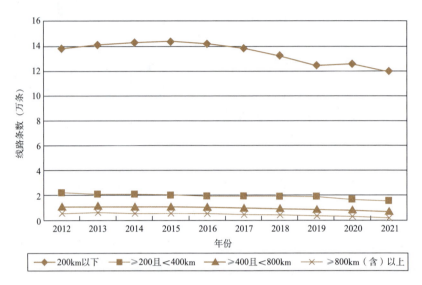

图1-10 2012—2021年不同长度客运班线线路条数变化情况

五、客运场站设施建设不断完善,日发班次持续减少

如图1-11所示,从场站建设看,2021年全国道路客运站总数为43.1万个,比2012年增加50.9%,年均增长达到4.7%。其中,等级客运站4320个,包括一级站1037个、二级站1812个、三级站1471个,仅占道路客运场站总数的1%,其他客运站(包括便捷车站和招呼站)总数为426985个,占道路客运场站总数的99%。从场站体系结构变化来看,与2012年相比,等级客运站比例由7%下降到1%,而简易车站、招呼站、便捷车站等其他客运站比例则在增加,场站小型化趋势日益显著。

从场站经营看,2021年全国客运站平均日发班次68.51万班次,比2012年减少57.6%。其中一级站年平均日发班次20.4万班次,较2012年减少44.9%;二级站年平均日发班次25.89万班次,较2012年减少55.1%。伴随着客运场站日发班次的持续减少,部分等级客运站日发旅客不足百人。以厦门梧村客运站(一级站)为例,2020年日均旅客发送量仅为500人次,不足2015年的5%,客运场站经营惨淡,普遍处于收不抵支、严重亏损的状态,关停、闲置等问题日益突出。图1-12显示了2012—2021年客运站平均日发班次情况。

图 1-11 2012—2021 年道路客运站场体系结构变化情况

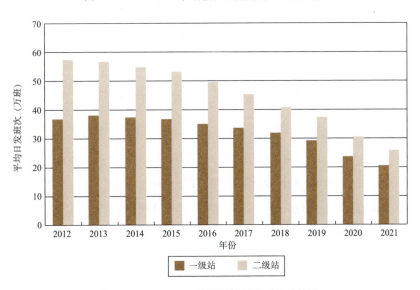

图 1-12 2012—2021 年客运站平均日发班次情况

六、农村客运服务网络基本形成,运营模式日益多元化

从农村客运场站来看,随着农村客运场站设施的不断完善,农村群众的出行条件得到极大改善。2021 年全国共有农村客运站 31.93 万个,比 2012 年增加 29.9%,

占全国客运站总数的74%。从场站地区分布来看，东部地区11.21万个，占35.1%；中部地区12.81万个，占40.1%；西部地区7.91万个，占44.8%。其中，等级客运站1160个，占全国农村客运站总量的0.36%，占全国三级及以上客运站的26.9%。

从农村客运线路来看，2021年全国开通农村客运线路9.74万条，比2012年增加4.3%；平均日发班次86.31万班次，比2012年减少26.9%；农村旅客客运量40.53亿人次/年，比2012年减少54.0%；农村旅客周转量1136.01亿人·km/年，比2012年减少53.4%。

从运营服务模式看，随着城乡客运一体化的深入推进，各地因地制宜采用公交、班线、区域经营、预约响应等形式，农村客运服务广度和深度不断提升，遍布农村、连接城乡、纵横交错的农村客运服务网络基本形成，农民群众"出行难"问题得到了有效解决。从客运通达情况来看，2021年全国31696个乡镇通客运率为99.41%，529227个建制村通客运率为99.42%。从建制村通达形式来看，通公交、定线班车、预约响应客运、区域经营客运的比例分别为42.6%、48.8%、4.1%、4.5%，灵活多样的农村客运服务体系基本形成，农村客运服务水平稳步提升。

七、道路客运定制服务发展迅速，运游融合积极推进

定制客运作为"互联网+"道路客运的新业态，借助互联网技术将旅客个性化出行需求与道路客运行业运力资源进行了有效匹配，顺应了人民群众多样化出行需求与行业转型发展需要，为道路客运行业注入了新的发展活力。自2016年交通运输部出台《关于深化改革加快推进道路客运转型升级的指导意见》（交运发〔2016〕240号），明确提出了"充分发挥移动互联网等信息技术作用，鼓励开展灵活、快速、小批量的道路客运定制服务"以来，全国20多个省（自治区、直辖市）开通了定制客运，开展了城际快线、定制巴士、校园巴士、机场火车站接送等定制班线业务，更好地满足了人民群众的个性化、定制化出行需求，定制客运业务蓬勃发展。截至2021年底，全国共有26个省（自治区、直辖市）和新疆生产建设兵团开展了定制客运业务。2021年，全国开展定制客运业务的班线客运经营者771户，开通定制客运线路3257条，定制客运网络平台223个，定制客运线路年度客运量达4487.7万人次。全国涌现了如"巴士管家""巴巴快巴""出行365""渝客行""豫州行"等多个有影响力的定制客运网络平台,提供定制化运输服务,在运输服务和产品创新方面作出诸多突破,受到广大旅客的好评。江苏省13个设区市开行了机场专线、校园专线、运游结合等各类定制班线765条,投入车辆2036辆,形成由点及面、由线及网的发展格局。吉林省坚持"跳出客运干客运"理念,积极拓展定制客运增值服务,帮助乘客预订酒店、看病挂号、代买物品、购买飞机票、火车票等业务,同时积极拓展"车票+门票"服务,与旅行社合作为游客量身定制"吃、住、行、游"一条龙服务,不断提升定制客运服务水平。

从运游融合看,大力发展旅游客运等相关业务已成为传统道路客运企业破解发展困境、推动转型升级、实现持续发展的重要战略选择之一。主动顺应新时代发展新趋势,交通运输主管部门不断加强与旅游管理部门的协作,提出"加强旅游交通基础设施统筹规划""构建快进慢游交通网络""提升旅游客运服务水平"等要求。各地纷纷进行了诸多有益的探索,开展了"车票+景区门票""车票+宾馆""车票+门票+宾馆""车票+1至3日游"等多元化的运输服务。如重庆打造了"武隆一日游"旅游运输产品,旅游客车按航班标准配备航空商务座椅,成为重庆高端一日游市场的风向标;内蒙古、福建、甘肃、贵州等地实行"站游结合""运游结合"发展模式,实现运输服务与旅游多元融合;浙江杭州部分客运站申请了旅行社资质,在各车站划出专区,设立旅游集散中心,为广大旅行社提供旅游集散场所,同时探索在旅游集散中心设立自己的旅游接待门市部,承接旅游团队及散客业务;山东青岛依托场站资源构建旅游集散体系,确立了"5321"旅游集散发展架构,并创新性地推出了旅游交通文化产品——道路交通博物馆,成为全国道路交通行业首个AAA级旅游景区。运游融合服务业态不断创新,旅游客运服务网络逐步完善,道路客运与旅游互促共进的格局加速形成,旅游运输服务保障能力不断增强。

八、行业深化改革持续推进,市场主体活力持续激发

近年来,交通运输部出台了一系列推进道路客运转型升级、促进行业稳定健康发展的政策文件。2016年,交通运输部印发《关于深化改革加快推进道路客运转

型升级的指导意见》（交运发〔2016〕240号），聚焦道路客运发展中的突出问题，从提升道路客运创新发展能力、提升道路客运综合服务能力、提升道路客运安全生产能力、推进道路客运价格市场化改革、推进建设与互联网融合的智慧服务系统等5个方面，提出了推进道路客运行业改革的16项政策措施，重点推进道路客运供给侧结构性改革、资源配置改革和监管制度改革，为道路客运转型升级提供政策保障。为贯彻落实《中共中央　国务院关于推进价格机制改革的若干意见》，充分发挥市场在资源配置中的决定性作用，更好地发挥政府作用，2019年交通运输部会同国家发展改革委印发了《关于深化道路运输价格改革的意见》（交运规〔2019〕17号），提出深化道路客运价格市场化改革、完善汽车客运站收费分类管理、规范道路运输新业态新模式价格管理等改革举措，充分发挥价格机制在资源配置过程中的关键作用，激发道路客运市场主体活力、增强行业发展内生动力。为进一步深化道路客运供给侧结构性改革，发挥市场在资源配置中的决定性作用，激发道路客运市场活力，2020年交通运输部修订发布了《道路旅客运输及客运站管理规定》（交通运输部令2020年第17号），从调整道路客运经营许可层级、精简优化许可管理事项、放宽客运经营限制、规范客运定制服务、推进农村客运发展、强化事中事后监管等方面对相关内容进行了修订，进一步提升班车客运经营者运力调配和班次安排自主权、方便旅客就近上下车、鼓励和规范定制客运新模式发展、强化道路客运安全管理要求，在守住安全稳定底线的基础上，强化政策扶持，持续优化道路客运发展环境。

从营造发展环境看，2016年，交通运输部等11部门出台了《关于稳步推进城乡交通运输一体化提升基本公共服务水平的指导意见》（交运发〔2016〕84号），提出要加快推进城乡客运服务一体化建设，完善城乡客运服务网络，推进城乡客运结构调整，完善城乡客运价格形成机制，提升乡村旅游交通保障能力，保障城乡交通运输安全。目前，江苏、湖北、重庆等省（市）城乡道路客运一体化发展水平AAAA级以上的市县占比已达85%以上。从农村客运看，为实现共同富裕，做好巩固拓展脱贫攻坚成果同乡村振兴有效衔接，支撑农业农村现代化，2021年，交通运输部等9部门联合印发了《关于推动农村客运高质量发展的指导意见》（交运发〔2021〕73

号），从提升城乡客运服务均等化水平、提升农村客运信息化服务水平、落实农村客运企业安全生产主体责任等8个方面明确了未来一段时期农村客运高质量发展思路及实施路径，推动农村客运由"开得通、走得了"向"留得住、通得好"转变。为持续激发道路客运市场活力，培育道路客运转型发展动力，进一步鼓励和规范班车客运定制服务为持续激发道路客运市场活力，培育道路客运转型发展动力，进一步鼓励和规范班车客运定制服务发展。2022年，交通运输部办公厅印发了《班车客运定制服务操作指南》的通知，对上门接送、定点接送、短途驳载等旅客接送模式作出详细指导，营造良好政策环境和市场环境，积极支持定制客运发展。

从强化安全管理看，2017年，交通运输部印发了《道路客运接驳运输管理办法（试行）》（交运发〔2017〕208号），积极推动长途客运接驳运输常态化、规范化，确保驾驶员真正落地休息，避免疲劳驾驶。目前全国共有25个省（自治区、直辖市）、412家客运企业、7600余辆客运车辆、800余个接驳点实施接驳运输。进一步规范道路旅客运输企业安全生产管理，2018年，交通运输部会同公安部和应急管理部联合印发了《道路旅客运输企业安全管理规范》（交运发〔2018〕55号），同时发布了《平安交通三年攻坚行动方案（2018—2020年）》，提出了关于企业责任、行业管理和政策保障等一系列工作要求，提高企业安全管理水平，全面落实客运企业安全主体责任。

第二节 发展面临的问题与困难

随着经济社会发展，人民群众希望获得多层次、高品质、个性化的出行服务，对道路客运发展提出了新的发展要求。但是，与人民群众日益增长的美好出行服务需求相比，道路客运行业发展滞后于形势需求，发展"不充分"问题突出。

一、行业发展面临的外部挑战和竞争日趋激烈

一是以高速铁路、城际铁路为代表的快速铁路对道路客运形成严重冲击。总体来看，高速铁路对道路客运的影响经历了线路—通道—网络三个阶段，单条线路

阶段如京津城际线路对北京和天津之间的公路客运的冲击;运输通道阶段主要以京沪走廊、武广客流通道等为代表;网络阶段是在局部区域如长三角地区和珠三角地区形成了由干线铁路、城际铁路等组成的多层次区域轨道交通网络的影响。根据《新时代交通强国铁路先行规划纲要》,到2035年20万人口以上城市实现铁路覆盖,50万人口以上城市高速铁路通达,高速铁路网基本连接省会城市和其他50万人口以上大中城市,绝大部分长距离和部分中距离公路出行转向铁路,这对干线道路客运的影响将是长期而且显著的。同时,随着城镇化加速推进和城市群、都市圈建设,市郊铁路、城际高速铁路得到发展,对传统公路客运同样形成替代。这种改变是基于运输装备技术发展进步和城市空间形态的发展而出现的结构性调整,是由不同交通运输方式的技术经济特征和城市发展形态决定的,是不可逆的趋势性改变。

二是私家车对道路营运性客运的分流作用将持续深入。2012—2021年,全国私家车拥有量从7637.8万辆增长到26246万辆,增长243.6%。截至2021年底,全国有79个城市汽车保有量超过100万辆,35个城市超200万辆,20个城市超300万辆。尤其是近几年受新冠疫情影响,私家车出行量持续攀升,对道路营业性客运量形成了部分替代。

三是网约车和"黑车"对传统旅客运输带来的竞争日趋激烈。网约车作为客运组织方式的创新,通过网络平台公司提供了专车、顺风车、拼车、快车等多种出行选择,在一定程度上为旅客出行提供了方便,使旅客出行更加定制化和个性化。2014年,城际拼车、网约车等新业态、新模式出现,其优质便捷的服务适应了出行消费升级需求、弥补了传统道路客低效低质的痛点而得到迅速发展,在城际出行中与道路客运的竞争日趋激烈。此外,现有的"黑车"经营也对合规运营的道路客运产生了较大冲击。

二、服务供给与人民群众美好出行需求不匹配

随着综合运输结构不断调整以及互联网技术的快速发展和应用,道路客运的发展环境和需求特征都已发生了较大的变化,依托传统客运场站的客流组织模式已经不再适应当前旅客运输的新需求,要求道路客运服务朝着精耕细作的方向转

变。但是，一直以来道路客运都是"等客上门"的经营模式，客运企业粗放型发展的状态未能改变，道路客运供给体系结构存在老化，与多样化、个性化、高端化趋势以及安全、快捷、舒适、便利性的出行需求相比，道路客运服务品质越来越不能满足旅客出行需求的新变化。围绕"吃、住、行、游、购、娱"探索相关客运增值衍生服务不足，定制巴士、旅游客运、通勤客运等服务模式发展滞后，道路客运对出行需求变化响应不充分，现有服务品质缺乏市场竞争力。在城际出行方式日益多样化的背景下，网约车、顺风车等新业态、新模式已经把"门到门""点到点"的客运服务发挥得淋漓尽致，而传统道路客运服务模式对人民群众便捷出行服务需求响应不足，无法发挥道路客运"门到门""点到点"的比较优势，难以满足人民群众即时性、开放性和体验性的出行需求，服务供给的质量和效率未能有效满足经济社会发展和人民群众需要，客运市场的供需矛盾现象日渐突出，道路客运快捷舒适、灵活调配、经济高效的运输优势没有得到充分发挥。

三、道路客运服务质量和水平有待进一步提高

经过多年的政府引导和市场发展，我国道路客运"多、小、散、弱"的总体局面有所改观。但同时还应清醒地认识到，道路客运集约化程度仍不高，集约化发展的步履十分艰难，存在一些亟待改善和解决的问题。截至2021年底，我国道路客运经营业户共计2.67万户，其中个体运输户1.46万户，占比仍超过50%。道路客运企业中拥有车辆数在10~49辆的比例最大，占比达21.4%，拥有车辆数超过50辆的占比仅为13.7%，且拥有道路客运车辆数在100辆以上的客运企业总数较2012年减少29.2%。我国道路客运大型骨干企业总体规模偏低，整个道路运输客运业经营主体较为分散，规模较小，规模经济效益还不理想，行业集中度不高，缺乏较强的抗风险能力，道路客运结构单一、服务质量和服务水平还不高，道路客运结构调整步伐有待进一步加快。

四、建立全国统一道路客运大市场任重道远

当前，我国道路客运业的生产组织形式相对比较落后，缺乏较为完善且具有一

定覆盖范围的旅客运输信息网络,这在一定程度上削弱了道路客运行业的市场竞争力,影响了道路客运企业和经营业户经济效益的提高。有些大型客运企业看似规模较大,事实上大多采取了承包经营或者名义承包实质挂靠经营模式,导致一条班线存在多个实际经营主体,割裂了运输过程中各环节的有机衔接和分工协作体系,客运组织化程度低下,无法实现网络化经营。另外,行政割据型垄断的广泛存在,对道路客运经营业户跨区域经营造成市场壁垒,使得道路客运经营难以突破行政分割划定的边界。客运市场竞争多在区域内展开,导致区域内各道路客运经营业户之间的竞争非常激烈,甚至出现过度竞争现象。然而,由于全国统一的道路运输市场没有形成,道路运输跨区域竞争较少,区域间经营业户之间的竞争并不充分,道路运输行政性垄断限制了资产的优化重组和要素的合理流动,制约着生产和资本向优势企业的转移。效益好的企业往往受资源和市场的行政约束,不能进一步扩张势力,使其难以扩大规模实行跨地区的网络化经营,而效益差的运输企业则在地方行政保护下顽强地生存,如通过包车客运经营者通过服务质量招投标的方式获得的异地企业通勤包车订单,但因为涉及异地经营无法正常开展业务。因此,迫切需要打破地方保护壁垒,推动道路客运管理体制改革,引导建立全国统一、有序竞争的道路客运市场。

五、部分管理制度与市场发展需要存在不适应

近年来,交通运输部贯彻落实"放管服"改革精神与要求,不断深化改革深入推进道路客运"放管服"。以《道路旅客运输及客运站管理规定》修订工作为契机,优化简化道路客运经营许可事项及申请材料,推进道路客运价格市场化,充分发挥市场在配置资源中的决定性作用,更好地发挥政府作用,降低制度性交易成本,着力提升经营者在班次安排、运力调配、行驶路线、站点设置等方面的自主权,激发市场活力。但目前仍存在一些管理规定和行业政策与道路客运运营发展不适应的方面,造成道路客运的比较优势难以发挥,对改革现行道路客运管理制度体系提出新要求。一是互联网平台组客模式导致班车、包车的业态边界逐步模糊。与汽车客运站、旅行社等相比,互联网平台在信息撮合、客源组织方面具有显著优势。在部

分地区，互联网平台面向社会公众、组织分散客源、通勤客源，同时作为包车用户包租客运车辆开展客运经营的模式已经形成一定市场规模，对班线客运组织散客、包车客运服务团体用户的分类管理模式形成冲击。二是现行客运经营准入条件对一类、二类客运班线和省际包车客运的车辆数量及类型等级要求较高，客运经营者车辆购置、检测维护、折旧成本保持高位，一定程度上制约市场主体灵活经营、有效转型。特别是近年来受客运业务下行、中短途班线公交化改造运行等因素影响，部分市场主体难以满足条件；部分网约车平台公司及车辆从事跨城经营，在车辆数量远低于道路客运准入门槛的条件下，开展同质化业务，造成不公平竞争。三是现行规章要求定制客运须依托班线客运经营者既有客运班线开展，在实际中部分班线客运经营者固守传统组织模式，但阻止或者变相阻止其他经营者申请同向班线开展定制客运，影响定制客运发展。四是现行规章制度对定制客运网络平台的管理手段较为单一、薄弱，对不合规经营以及功能单一、技术水平落后的平台，缺乏有效的约束和退出机制，亟须破题。针对这些问题，仍需进一步加大力度推进道路客运供给侧结构性改革，提升道路客运供给结构应对市场需求变化的适应性和灵活性，打造供需适配、机动灵活、安全便捷的道路客运服务体系，切实保障客运市场健康有序发展，提升人民群众出行获得感、幸福感、安全感。

第二章 道路客运发展形势要求和趋势

第一节 发展新形势新要求

随着经济社会的快速发展，人民生活水平不断提高，人民群众的美好出行需求日益旺盛。随着综合运输体系的不断完善，道路客运将逐步退出超长距离客运市场，回归到中短途客运领域，进入追求运输品质的精耕细作式发展阶段，逐步形成与高速铁路、民航等其他运输方式相互支撑、协同衔接、融合发展的发展格局。

一、加快建设交通强国，要求进一步提升道路客运服务水平

党的二十大报告提出"加快建设交通强国"，这是统筹推进交通强国建设的战略升级，为今后我国交通运输事业的发展提供了根本遵循。从党的十九大报告提出建设交通强国，到先后印发《交通强国建设纲要》《国家综合立体交通网规划纲要》，再到党的二十大报告强调加快建设交通强国，一系列重大决策为加快建设交通强国擘画了宏伟蓝图，将进一步发挥交通运输在经济社会发展和国家现代化建设中的先行引领作用，为继续推进中国式现代化、全面建设社会主义现代化国家贡献强大力量。随着时代发展，人民群众出行需求呈现出多层次、多样化、个性化特征。加快建设交通强国，要求牢牢把握服务人口规模巨大的现代化，坚持以人民为中心的发展思想，建设现代化综合交通运输体系，让出行服务更加便捷舒适、经济高效，满足人民日益增长的美好生活需要。道路客运作为综合运输体系中运输量最大、通达度最深、服务面最广的一种运输方式，必须要主动适应新环境、顺应新趋势，把满足人民群众对美好出行的向往作为高质量发展的根本目的。顺应人民群

众对于出行的公平、安全、品质等方面需求的不断增长,加快推动道路客运与互联网和大数据深入融合和创新发展,促进移动互联网、云计算、大数据、物联网等先进技术在道路客运行业管理中的应用,打造基于线上线下的一体化服务产品,着力提升道路客运服务水平,提高道路客运服务品质和推动行业转型发展,满足公众多样化的出行需求,促进提升行业体系和治理能力现代化,更好地适应经济社会发展和人民群众出行需求新变化。

二、推进综合运输体系建设,要求进一步发挥道路客运比较优势

随着铁路、民航、公路等综合运输体系的日趋完善,人民群众客运服务需求品质整体提升,要求充分发挥综合运输的组合效率、集约效益、整体效能和协同作用。伴随着综合运输体系的日趋完善,枢纽城市之间的骨干线网的旅客运输已经逐步由铁路、民航所取代,道路客运的骨干线网正在逐步萎缩甚至取消;而且伴随着高速铁路网络不断的加密,中小城市之间的道路客运线网处于苦苦挣扎的状态;对于支线来看,虽然不会被铁路、民航所取代,但其线路的优化、延伸等方面尚有进一步拓展空间。道路客运作为综合运输体系的重要组成部分,与铁路、民航等其他运输方式相比,其核心竞争力是网络密集、班次密集、机动灵活,具备"点到点""门到门""随客而行"的比较优势。基于此,要求道路客运紧扣通达度深、覆盖面广、机动性强的比较优势,发挥好其在综合运输体系中桥梁纽带作用,从"覆盖干支网络"转向"去干保中拓支",逐步收缩业务战线,退出非优势领域,创新运输服务模式,加强协同发展能力,实现与其他运输方式之间的有效衔接、优势互补、协同融合发展,从"强调孤立竞争"转向"旅客联程联运",有效提升综合运输服务体系整体效能,更好地满足人民群众出行需求。

三、满足人民群众美好出行需求,要求进一步提升道路客运服务品质

随着全面建成小康社会步伐的加快和人民生活水平的提高,消费需求总量、消费结构、消费质量正在发生深刻变化,出行服务领域的高品质产品和服务消费需求

也在快速增加。出行需求开始分层次,更多的群体正在向高品质、定制化的服务需求聚集。人民群众对于客运服务的需求已经从"有没有"转向"好不好",不再仅仅满足于通路通车等"硬需求",而是更加注重出行的安全性、便捷性和舒适性,更加追求个性化、多样化、高品质的出行体验。对于道路客运而言,要求从供给端主导的提供运输产品的生产理念向需求端主导的提供出行服务的服务理念转变,道路运输的服务本质更加突出。未来,供给主导的传统服务模式的需求会继续降低,需求主导的定制客运的需求将持续增长,传统的由于城市公共交通和道路客运"二元化"分割治理结构导致的"三段式"出行向"一段式"出行转变的趋势越来越明显,且进一步向细化、多样化、品质化方向发展,要求客运企业加强技术创新应用,从"大众化同质化"转向"定制化个性化",精确细分目标客户市场,以需求导向为根本出发点,从空间、时间、方式多维度按需向旅客提供更加"灵活、快速、小批量"的道路客运服务,满足差异化、多样化、品质化运输服务需求;同时从时间上体现"快速",从空间上突破传统形成的城市交通与公路运输的"二元化",以互联网思维和市场思维引领业务战略调整,做到有所为有所不为。

四、全面推进乡村振兴,要求加快推动农村客运高质量发展

党的二十大报告提出"全面推进乡村振兴",强调"全面建设社会主义现代化国家,最艰巨最繁重的任务仍然在农村。坚持农业农村优先发展,坚持城乡融合发展,畅通城乡要素流动"。农村地区是道路客运服务的重要阵地,农村客运是普惠性、兜底性、基础性民生工程,是实施乡村振兴战略的先行领域、基础保障和重要载体,对于改善农民群众出行条件、促进农村经济发展、推动城乡一体化和公共服务均等化都曾发挥了至关重要的作用。党的十八大以来,各地深入贯彻习近平总书记关于脱贫攻坚与"四好农村路"的重要指示精神,全面落实党中央、国务院工作部署,因地制宜采用公交、班线、区域经营、预约响应等形式,加快推进具备条件的乡镇和建制村通客车,农村客运发展取得显著成效,具备条件的乡镇和建制村全部实现了通客车,形成了遍布农村、连接城乡、纵横交错的农村客运网络。农村群众出行"最后一公里"打通了,贫困地区出行难的问题得到历史性解决,切实增强了农民群众的获得

感、幸福感。但是,农村客运发展仍面临东中西部地区发展不平衡、农村客运长效机制尚未完全建立、城乡客运公共服务均等化水平仍有待进一步提升等挑战。立足新发展阶段,全面推进乡镇振兴,为实现共同富裕的目标任务,做好巩固拓展脱贫攻坚成果同乡村振兴有效衔接,支撑农业农村现代化,加快建设交通强国,迫切需要推动农村客运高质量发展,实现农村客运由"开得通、走得了"向"留得住、通得好"转变,提升公共服务均等化水平,更好满足农村地区群众日益增长的美好生活需求。

五、推进新型城镇化建设,要求进一步提升城乡客运一体化服务能力

作为人类文明进步的产物,城镇化是促进社会全面进步的必然要求。党的十八大以来,党中央高度重视新型城镇化工作,明确提出以人为核心、以提高质量为导向的新型城镇化战略,全国常住人口城镇化率由2013年的54.49%提高到2021年的64.72%,1亿农业转移人口和其他常住人口在城镇落户目标顺利实现。党的二十大报告强调,推进新型城镇化战略,城镇化既是经济发展的结果,又是经济发展的动力,是实现中国式现代化的必由之路,也是全面贯彻新发展理念,加快构建新发展格局,着力推动高质量发展的战略举措。推进新型城镇化既是解决"三农"问题推进乡村振兴的重要途径,也是扩大内需战略同深化供给侧结构性改革有机结合的重要支撑。未来,随着我国城镇化水平将继续稳步提升,中心城市和城市群的带动引领作用将进一步凸显,以县城为重要载体的城镇化建设加快推进,城镇人口规模将持续壮大,必将带动城际出行、城乡出行需求规模增长,同时也将更加注重城乡融合发展,更加注重城乡基本公共服务均等化。道路客运作为全社会人员等发展要素高效自由流动的重要载体,要求要进一步提升旅客出行服务快速化、便捷化、舒适化水平,深入提升城乡客运一体化服务能力,创新运营服务模式,实现城市群主要城市间、城市与乡村间高效便捷联通。

六、移动互联技术迅猛发展,要求进一步加快改变道路客运技术变革

当前,人工智能、脑科学、云计算、量子计算、大数据、物联网、第五代移动通信

技术(5G)等新一代信息技术正在加快向运输服务领域渗透,为道路客运新业态、新模式、新经济发展创造了客观条件,也为行业转型升级创造了前所未有的重大机遇。随着数字网络通信技术的日益成熟、移动设备功能愈发强大和更大规模群体拥有移动设备,数字技术和网络技术的应用载体将进一步扩大,数据收集传输技术、大数据分析技术在交通运输领域的普及,将影响交通企业的运输服务种类、方式、品质、生产模式,改变旅客对出行方式、出行线路的选择,并将改善交通运输管理部门决策的准确性和有效性。随着人工智能和自主科技水平提高,持续性、稳定性、可靠性等性能不断改善,人工智能和自主科技将会在更多领域得到深度普及,对交通运输和旅客运输产生革命性的改变,在车辆自动驾驶、车辆调度等方面使旅客出行和运输更加智能、便利和高效。未来,在互联网信息传输、大数据处理分析、自动驾驶、人工智能等新技术的带动下,以及在居民收入和消费水平提高、消费结构转型升级、生活方式转变及城市化进程加速等多重因素的影响和作用下,以安全、快速、舒适、经济、准时、绿色为主要特征的出行需求将大幅增长。新技术、新业态、新模式的不断涌现,交通运输与互联网、物流、大数据、旅游、人工智能等行业的深入融合,将催生种类更多、质量更高、品质更优的旅客出行服务,居民出行可选择的交通服务种类和品质将更加多样化。这也倒逼道路客运以人民群众便捷出行为导向,大力推进移动互联网、大数据、物联网、云计算等技术在道路客运领域的研发和应用,从"线下服务为主"转向"线上线下并举",充分挖掘道路客运班线市场潜力,提升班线客运"互联网+"服务水平,实现道路客运"门到门""点到点"服务,满足人民群众个性化、多样性、高品质的出行需求,为加快推进道路客运行业转型升级注入新动能。

七、客运新业态的出现,要求进一步深化道路客运"放管服"改革

道路客运新业态新模式的出现,在改变出行生态圈的同时,也给行业管理带来很大挑战,倒逼行业管理快速适应市场发展。为了适应行业的发展,为道路客运高质量发展提供良好的政策环境,交通运输主管部门秉承着开放、包容、审慎兼容的态度,近年来相继出台了《关于加快推进道路客运业转型升级的指导意见》《关于深

化道路运输价格改革的意见》等政策文件,并修订了《道路旅客运输及客运站管理规定》相关规定,精简道路客运许可事项,简化许可条件和流程,转变许可方式,赋予客运经营者灵活的自主经营权,激发市场活力。但是,随着道路客运行业转型发展的深入推进,"互联网+运输服务"深度融合发展,互联网平台组客等模式使得班车、包车的业态边界逐渐模糊,原来的客运组织模式已不能适应优质、便捷、安全的出行需要,对现行道路客运管理制度体系提出了挑战,要求进一步深化道路客运领域"放管服"改革,优化业态分类、合理设置行业准入门槛,提升市场主体经营自主权,进一步营造公平竞争的市场环境;同时要立足未来发展趋势,对出行需求和供给模式做前瞻性研究,打造供需适配、安全便捷的道路客运服务体系,切实提升人民群众出行获得感、幸福感、安全感。

第二节 旅客出行需求变化

在"民航平民化、高速铁路网络化、城乡公交一体化、私家车普及化"的发展态势下,随着全面建成小康社会步伐的加快和人民生活水平的提高,消费需求总量、消费结构、消费质量正在发生深刻变化,出行服务领域的高品质产品和服务消费需求也在快速增加。出行需求开始分层次,更多的群体正在向高品质、定制化的服务需求聚集。随着客运市场格局、公众消费习惯、出行服务模式等的变化,融入数字化、移动网络技术的互联网出行服务越来越受到更多欢迎,出行服务已经进入到拼品质、拼效率、拼技术、拼价格、拼安全的时代。道路客运从"等客上门"到如今客运量、旅客周转量逐年下滑,最根本的原因是居民收入的提升和社会经济的快速发展导致了人民群众出行需求发生了明显变化,运输需求层次明显提升。旅客在出行需求上更加关注出行时间成本和出行体验,对便捷舒适、经济高效、安全可靠乃至个性化的消费取向不断增强,出行需求已经从"走得了"向"走得便捷、走得舒适"快速转变。随着社会经济发展,高频次、高时效、高品质的出行需求明显增多,旅客出行需求从原来只能追求"走得了"已经向"走得好"的标准升级。道路客运行业只有把握住旅客出行趋势变化并以此为基础进行战略调整,以市场为导向、以客户为中心,提供个性化、定制化、品质化的运输服务,才能不断满足人民群众的美好出行需求。

一、选择多样化

铁路、民航相对欠发达时期,人民群众长出行可选择余地不多,道路客运处于供给端市场,处于各种综合交通运输方式的主导地位,承担了大量的长距离旅客运输的重要功能。随着综合运输体系的不断完善,交通运输已经进入各种运输方式融合交汇、统筹发展的新阶段,在"民航平民化、高速铁路网络化、私家车普及化"的发展趋势下,道路客运在市场中的主导地位快速弱化,综合交通运输体系的深度构建催生着客运市场格局发生了巨大变化。广大人民群众外出旅游、商务出行、走亲访友等城际出行,方式选择已从过去的相对被动化和单一化逐步向的主动化和多样化发生转变,而且对安全可靠、经济高效、便捷舒适乃至个性化的消费取向不断增强。道路客运的速度优势、价格优势逐步衰减,在服务舒适性、装备现代化、安全可靠性等方面均与铁路、民航等运输方式差距逐渐拉大,既有的公路、铁路、航空、水路等客运市场格局也在随之发生变化。旅客出行服务从"供给端市场"向"需求端市场"转变,即从被动接受向主动选择转变,道路客运服务逐渐转变为需求端市场。

二、服务便捷化

随着经济社会的快速发展,人民群众的出行服务需求已经从"有没有"转向了"好不好",希望得到更加便捷化、个性化、品质化的出行服务。传统道路旅客出行服务包含三部分,即起点至所在城市客运站、所在城市客运站至目的地城市客运站、目的地城市客运站至本次出行的最终目的地。但随着人民生活水平的不断提高,传统的道路客运"三段式"出行模式已逐渐无法满足人民群众的便捷化、个性化出行需求,人民群众对真正意义上的"点到点、门到门"的出行需求越来越明显,不但要能"走得了",更加注重"方便到",希望出行服务能够及时响应便捷出行需求,对即时性、开放性和体验性的出行需求要求越来越高。

三、出行网约化

移动互联网、大数据、云计算、物联网等新科技对人们思维模式、行为方式、生活习惯以及产业发展方式等产生了革命性、颠覆式的影响,移动互联网的井喷式发展,使其远远超越了作为互联互通工具的本身,而成为一种思维、一种理念。互联网思维是以我为中心变成以他人为中心,强调体验,强调开放,强调透明,强调分享。互联网的本质,就是连接一切、消除距离,并由此冲击一切基于信息不对称的商业模式,把选择权真正交回到用户手中。移动互联技术迅猛发展,使以消费者需求为核心的生产理念得以实现,个性化、多样化需求不断得到满足。"互联网+"已经改变了人们的生产生活,道路运输行业从2009年兴起汽车票网络发售,到携程、飞猪、同程等空中下载(Over-the-Air,OTA)平台介入,已经培育了人们网络购票出行的习惯,加上网约车、顺风车以及客运企业地方平台的崛起,网约出行更加习以为常。新冠疫情常态化更对旅客出行习惯产生了深远影响,"道路客运+互联网"融合发展已成为不可阻挡的时代潮流。

四、出行场景化

传统的道路客运并没有"场景"的概念,只是固定的班线运输,从来不会关注旅客延伸需求。随着人民群众的出行需求日趋个性化和多元化,出行也越来越"场景化",即旅游、商务、校园、医院等细分场景。这也要求出行服务必须要进行市场细分,增强产品设计能力和运营服务能力来满足不同场景的客户出行需求,提升客户价值。而且互联网技术的运用也在颠覆性地改变了人们的需求方式、消费方式,旅客出行与消费习惯在很大程度上从线下转移到线上,趋向更加个性化、定制化、便捷化、灵活化的"门到门"客运服务,围绕定制化、个性化业务进行精耕细作式的价值增长将成为道路客运企业发展的全新路径。

五、车辆小型化

随着高速铁路、民航等其他运输方式的发展,旅客出行方式有了较大改变,班线客车实载率大幅下降,运力明显过剩,疫情则进一步改变了人们的出行认知,即更加强调出行的私密性、高效性,更倾向小容量、舒适性强的交通工具。由于市场规模的下降,小容量的客运业务形态将逐步成为主流,对运力结构要求不再一味朝"高大"化发展,这也要求客运企业不断探索线路与车型的匹配度,根据客流情况安排车辆,提高经营灵活性和服务多样性,更好满足旅客个性化出行需求。

第三节　未来发展趋势研判

一、道路客运在综合运输体系中的主体地位不会变

作为综合运输体系的重要组成部分,道路客运完成的客运量在综合运输体系占比一直最大。近年来,随着高速铁路建设进程的加快,通车里程的增加和配套路网的完善,特别是大中城市间城际列车的开通运行,综合运输体系中铁路、公路、民航、水运组成的旅客运输市场发生重大变化,由铁路、公路、民航承担旅客运输的分工和格局逐步改变。高速铁路旅客运输以其行驶速度快、服务设施优等优势吸纳大量旅客,对道路客运形成强大的冲击,道路客运的优势在不断减弱,在综合运输体系中的比重有所降低。在综合运输体系中以道路客运为主的时期成为历史,中、长途旅客运输将以高速铁路为主。道路客运规模呈现逐年下滑态势,在综合运输中的主导性地位和作用发生改变。

根据生命周期理论,公路运输是一种社会现象,也是一种经济现象,从经济学的角度来看公路运输发展是有生命周期的。应用生命周期理论,针对道路客运的特点,其发展历程大致可以分为进入期、成长期、成熟期和衰退期四个发展阶段。目前,我国的道路客运逐渐进入衰退期发展阶段,公路客运规模逐步下降。随着高速铁路逐渐成网运行,铁路出行在综合运输体系中的占比将继续提高,铁路承担客运体系中的骨干作用将成为不可逆转的趋势。此外,随着我国居民消费水平的提高,私家车的普及率将进一步提高,在中短途出行领域虽然道路客运相对铁路、民

航有一定的运距优势,但私家车出行比例将进一步提高,分流大量的道路客运客流。因此,不论是长途还是中短途出行领域,道路客运的规模和占比都将进一步下降,道路客运将由发挥骨干作用转变为发挥末站衔接作用。未来一段时期,道路客运量仍将延续平稳下滑趋势。但是随着铁路建设趋于完善和稳定,公路客运在服务品质和效率与时俱进、适应需求的前提下,公路客运量有望止跌企稳,维持在某一水准,公路客运量占比仍将远高于其他几种运输方式,其基础性、主体性的地位不会发生变化,长远来看也不会发生变化。

二、行业发展进入优化供给发展综合运输的新阶段

经过多年建设,我国综合交通运输体系发展取得巨大进步,各种运输方式总量规模位居世界前列。高速铁路运营里程、高速公路通车里程、城市轨道交通运营里程等均位居世界第一,各种运输方式"量"的积累已达巅峰,推动运输组织不可逆转地进入融合发展的"质"的提升阶段,必须加快从单一运输方式独立发展向多种运输方式协同发展转变。在客运出行领域,以铁路和民航为骨干的网络正在形成,道路客运更多的是加快供给侧结构性改革,优化高质量服务供给,发挥灵活快速的比较优势,做好与民航、铁路等运输方式的衔接,解决出行"最先和最后一公里"问题,与铁路、民航、城市客运体系和私人交通方式共同构成多层次出行服务体系,使供给体系更好地适应需求结构变化,持续提升服务能力,提高服务效率,加强与铁路、民航、水运等各种运输方式的接驳衔接,当好综合运输体系的"神经末梢""连接件",最大程度延伸综合运输网络的覆盖范围,充分发挥综合运输体系的整体效能,为出行者提供优质的全链条出行服务。

三、新技术和新模式将带来客运领域的系统性变革

近年来,信息技术和移动互联网为道路客运行业创新发展提供了强有力的技术支撑,互联网视角下道路客运如何脱困已经成为学界和业界共同关注的重要话题。从新技术的影响来看,自动驾驶、5G等科技的应用,将给交通载运工具等带来颠覆性变化,旅客对"互联网+"购票方式已比较熟悉,且更倾向于移动终

端购票。而且移动互联技术迅猛发展,使以消费者需求为核心的生产理念得以实现,个性化、多样化需求不断得到满足。人工智能、大数据、云计算、数字孪生等新一代技术的发展,为面向乘客提供全程规划、个性化精准化服务、全方位体验提供了技术支撑。随着互联网技术在交通运输业的应用,我国在线上购票、网络约车等方面呈现出良好的发展势头。传统道路客运逐渐暴露出了需求方式单一、结构发展不平衡、制度及标准规范尚不完善等问题,道路客运行业将迎来重大变革。从信息化对交通组织模式的影响来看,随着信息的共享和开放,基于信息平台的道路客运组织模式将不断创新,整合运输资源,支撑服务高效运转,运输效率将不断提高。

四、道路客运将与社会经济和相关产业实现融合发展

随着科学技术不断发展和消费者需求不断升级,传统产业之间的界限越来越模糊,产业融合、跨界发展往往成为产业跨越式发展的突破口。交通为社会经济发展和人民生活提供基础性服务的特征日益突出,与各产业融合发展的趋势日益明显,"交通+"的平台式发展理念被频繁提及。新时代背景下,旅游休闲广泛普及,全域旅游正在加速推动着旅游需求的个性化、多元化发展,注重舒适体验的"品质游""深度游"是游客心中对于美好生活的向往,势必要有运输服务的稳定支撑。运输服务和旅游融合发展的主要矛盾已经转换为交通供给体系质量效益不能满足人民群众对高品质旅游运输服务需求的矛盾。从当前行业发展现实来看,道路旅游客运作为旅客观光旅游的重要承载工具和旅游方式之一将获得更大的发展空间,旅游运输也是道路客运转型升级的重要方向。道路客运行业扩大旅游运输规模,推动旅游产业做大做强,积极拓展"运游"结合业务,发展和延伸旅游产业,开通火车站到景区及各景区之间的直通车,实现火车站、机场与景区、景区与景区之间的无缝对接,丰富运游融合产品,积极构建道路客运与旅游产业良好的共生网络,将为行业发展注入新活力。此外,利用客运场站资源拓展商业、旅游集散、邮政、物流和汽车后服务等服务功能,推动农村客货邮容融合发展等,都成为助力道路客运转型升级的重要途径。

五、产业结构和空间布局将会影响道路客运发展方向

自从国家实施西部大开发战略以来,我国西部地区积极承接东部地区产业转移,呈现规模明显扩大、层次明显提升、方式不断创新、示范区建设稳步推进的良好态势。产业结构转移,导致就近务工增加;春运期间跨地区民工流动减少,从而导致省际客流减少,道路长途客运萎缩较快,部分跨省长途班线亏损严重。要求尽快调整道路客运发展方向,以适应形势变化。另外,全面推进乡村振兴战略的实施以及农业农村经济的发展,对城乡客运一体化也带来了更多的需求。随着城镇化的进一步推进,集中式发展的城镇化空间布局出行距离短,出行频次高;城镇化程度越高,旅客周转量越大。从未来趋势看,城市群内、城乡间的旅客周转量将进一步增大。

第三章 道路客运体系优化发展目标与策略

第一节 发展新定位

随着我国经济社会发展进入新时代,新时代加快建设交通强国、构建现代综合交通运输体系,都对道路客运发展提出了更高要求,迫切需要找准道路客运行业存在的突出问题,重新确立行业发展新定位。

一、功能特性

1. 基础性

基础性是指普遍服务社会功能不可或缺、不可替代的,也是道路客运在综合运输体系中的社会服务功能定位。以基础性为核心就是坚定不移地巩固道路客运在国民经济和社会发展中的基础性作用。道路客运作为综合运输体系中不可或缺的一种运输方式,是由其普遍服务社会的功能决定的。首先,除道路客运外,其他运输方式均难以独立完成整个运输过程,必须通过道路运输来集散客流,即集疏运于一体。其次,道路客运与群众利益密切相关,通过旅客运输来实现公共服务功能,通过通达深度和广泛性来发挥比较优势,是交通运输服务经济社会发展的充分体现和落脚点。最后,当其他运输方式发展欠缺时,道路客运通过发展比较优势、加强自身建设进行替代性发展。因此,道路客运应从其基础性出发,重新认清和科学对待与其他运输方式之间的分工合作和市场竞争关系,通过强化与其他运输方式之间的深层次合作,发挥比较优势。坚持以基础性为核心,通过政策指导和管理创新,提升和强化这种普遍服务社会的功能,坚定不移地进行自身建设,巩固道路客运在国民经济和社会发展中的基础性作用,提高发展质量和可持续发展能力。

2. 衔接性

衔接性是指与其他运输方式的有效衔接,主动融入,是道路客运在综合运输体系中的发展途径和功能定位。以衔接性为突破口就是针对当前道路客运所处的发展阶段,强化系统内部人、车、路、基础设施等各种要素的协调发展、强化与其他运输方式的有效衔接,以此作为突破口,促进系统内部的资源整合,提升服务能力,强化服务功能,促进与其他运输方式的协调发展,整体提高综合运输体系的效率和效益。有机衔接的纽带作用是协调发展的充分必要条件,将其作为道路运输的发展途径和功能定位,以促进道路基础设施建设与道路运输协调发展,促进与其他运输方式的协调发展,这是发挥道路客运在综合运输体系建设中支撑和连接作用的充分体现。衔接性既指宏观层面,道路客运与其他运输方式在规划、建设与运营管理机制、协调机制方面的有机衔接;还指微观层面在基础设施、运输线路的布局、运输工具数量和比例、场站、运输组织、合作方式、业务流程等方面的有效衔接。因此,以衔接性为突破口,是目前道路客运所处的发展阶段能够有所为、有所不为和有所突破的重要途径之一,也是综合运输体系建设初级阶段的必由之路,不断完善衔接功能,最终使各种运输方式有效衔接,发挥一体化的效率,降低整个社会的物流成本、出行成本。

3. 多样性

多样性是指以运输组织多样性和服务产品多样性的比较优势为特色,创新理念,加快发展,是道路客运在综合运输体系中的发展特色定位。以多样性为先导就是紧紧围绕道路运输的优势特色,提升创新能力,走差异化发展之路,以市场需求为导向,发展各具特色不同层次的专业运输,实现道路客运在未来的市场竞争环境中的优势。道路客运的几个比较优势中,以多样性为优势特色,通过运输组织多样性和运输服务产品多样性,可以充分发挥道路客运机动灵活、网络经济性、运送速度快等比较优势。因此,多样性可以在道路客运的各种资源优化配置的基础上,创新发展,不仅可在服务时间、服务内容、服务方式、服务对象等方面实现运输服务产品多样性,还可依托路网设施、场站资源、信息平台、车辆等级等,对运输主体、运输装备等进行有效组织,实现运输组织多样性,也可以进行深层次的资本运作,所有权与经营权分离,实现规模经济与核心竞争力。以多样性为先导就是集中力量,紧紧围绕道路客运的优势特色,提升创新能力,引导道路客运适应社会经济发展需要。

二、发展定位

道路客运在综合运输体系中的基础性和衔接性,为实现多种运输方式的有效衔接、协调发展,全面满足运输需求起到基础支撑作用。而多样性实现了道路客运服务的个性化、差异化,满足了不同层次的运输需求,丰富了综合运输体系的服务内容,提升了综合运输体系的服务品质。因此,道路客运发展新定位体现在:牢牢把握道路客运行业基础性、衔接性、多样性的定位,发挥道路客运比较优势,转向既满足多元化、个性化需求,又满足公交化、公益化需求的"中间客运",全力促进传统道路客运行业转型升级。从定性角度看,要一头转向高度市场化、个性化的定制客运、包车客运、旅游客运等,实现比传统班车客运市场化程度再进一步;一头转向城乡客运、城际客运公交化,实现比传统班车客运公益化程度再进一步。从运距角度看,要立足中短途,特别是200km以内客运市场,充分发挥相较于高速铁路、民航和公交出行的比较优势。从衔接角度看,要承担起多种运输方式的桥梁作用,基本形成一张衔接枢纽、联结城乡,高效、优质的道路客运服务网络,实现"门到门"定制服务网、短途公交化出行网和高速铁路、民航无缝衔接客运网。按照"中间客运"的目标定位,把握传统道路客运行业转型升级的方向。

第二节 优化目标

贯彻加快建设交通强国的战略部署,立足综合运输体系的视角,构建高质量、高效率、高稳定性的道路客运服务供给体系,需要顺应客运结构的趋势性变化,立足道路客运的基础性、衔接性、多样性,找准在综合运输体系中发展定位,深化道路客运供给侧结构性改革,围绕激发企业和市场活力,以更强力度、更实举措深化道路客运"放管服"改革,推动政策制度创新,调整制约市场资源优化配置效率、制约市场创新发展活力的既有规章制度,进一步提升市场主体经营自主权,在资源配置、服务提供、运营管理等方面,强化与其他运输方式的有效衔接,增加客运服务有效供给,激发市场活力。

一、更优质的服务供给

道路客运的发展定位更准确,比较优势发挥更充分,市场结构更加优化,人员、装备、设施等要素投入更加优质,道路客运与其他产业融合发展更加深入,与其他运输方式的衔接更加顺畅,运输服务形式更加多样、服务形态更加高级,全链条出行服务更加完善。

二、更高效的资源配置

充分发挥市场在资源配置中的决定性作用,优化调整妨碍道路客运资源有效配置的政策制度,促进市场资源要素自由流动,扩大市场主体的经营自主权,激发企业在提升服务品质、创新服务模式等方面的积极性、主动性,市场自发的新业态、新模式、新技术以及组织管理创新更多,客运企业创新发展能力显著增强。

三、更均等的服务保障

更加体现以人为本的发展,体现对不同层次、不同属性群体、不同发展程度区域的出行需求的满足,既提高对高品质服务需求的满足能力,同时对普遍性、兜底性基本出行服务的保障能力也更强,促进城乡、区域均衡发展,让运输服务成果更多更公平地惠及全体人民。

四、更安全的发展能力

严格落实主体责任,强化风险隐患排查整治,推动道路客运企业的安全生产制度、主体责任赔偿机制、安全监督机制及风险防控措施更加成熟完善,特大安全事故防控响应进一步增强,公众出行与经营生产安全保障更加有力。

第三节 过程要求

一、处理好微观和宏观的关系

从微观层面看,随着我国社会主要矛盾发生变化,运输需求结构也日益升级,人民群众希望得到更加多样化、品质化、均等化的运输服务。推动道路客运高质量发展,要全面提升运输服务供给质量,推动运输服务实现更加安全便捷、优质高效、绿色智能、一体畅联的发展,提升运输服务的要素投入质量,发挥要素的质量提高对生产率提高的溢出效应,使运输服务供给更好满足人民日益增长的美好生活需要。从宏观层面看,推动道路客运高质量发展,就是要使运输服务有效支撑宏观经济发展质量不断提高。从生产、流通、分配、消费的社会再生产大循环来看,运输服务是流通环节的重要支撑,运输成本的降低也是提升经济竞争力的重要因素。

二、把握好供给和需求的关系

我国社会主要矛盾发生的变化,主要是供给和需求都发生了变化,原有的平衡被打破,而寻求新的平衡。从需求角度看,随着人民生活水平不断提高,出行距离和频次日益增多,对运输服务的质量和品质要求也越来越高。换言之,人民对美好生活的向往,就是高质量的需求。从供给角度看,有高质量的需求,就要有高质量的供给与之匹配,进而实现更高水平的供需动态平衡。然而,现阶段我国运输服务发展不平衡不充分的问题突出,发展质量和效益还不高,由此也出现了运输服务供需错配的结构性矛盾。因此,运输服务要实现高质量发展,就要从供需两侧协同发力,顺应、培育和释放新的需求,深化供给侧结构性改革,真正实现运输服务从"有没有"向"好不好"的转变。

三、把握好公平与效率的关系

从公平角度看,推动道路客运高质量发展,应当把公平摆在更加重要的位置上,重点要促进基本公共服务均等化，更好地促进城乡、区域均衡发展。从效率角度看，市场竞争本质是投入产出效率的竞争，以较小投入实现较高产出，是推动交通运输高质量发展的基本要求。随着土地、资金、劳动力、资源环境等要素制约不断趋紧，必须更多依靠技术创新、管理创新、组织创新不断提升全要素生产率，提高综合运输体系的组合效率。因此，运输服务要实现高质量发展，就必须要统筹处理好公平与效率的关系，在更加公平基础上实现更有效率的发展，努力实现更高质量、更有效率、更加公平、更可持续的发展。

四、处理好政府和市场的关系

推动道路客运高质量发展，要求按照不同属性厘清政府和市场的边界，发挥市场在资源配置中的决定性作用，依靠市场力量不断增加对高质量运输服务供给，有效提高资源配置的效率；更好发挥政府作用，就是对市场失灵的领域，政府要兜住底线、更好发挥作用。在尊重市场规律的基础上，坚持市场化改革方向，逐步放开竞争性业务和竞争性环节价格，使其真正反映市场供求关系、资源稀缺程度和环境损害成本，营造统一有序、公平竞争的市场制度环境，提供好运输公共产品和服务，提高均等化和普惠性水平，切实兜住民生底线。总的来看，推动道路客运高质量发展，既要"有效市场"，也要"有为政府"，充分发挥好"看不见的手"和"看得见的手"的优势。

五、处理好新旧发展动能关系

从旧动能角度看，多年来运输服务业的发展动力源自资金、劳动力等传统要素驱动。随着我国经济进入高质量发展阶段，高度依赖传统要素投入的运输服务将逐步触碰到"天花板"，必须寻求新动能，推动传统动能转型升级。从新动能角度看，推动道路客运高质量发展，关键是要加快释放新红利，培育发展新动能，需要进一步简政放权、放管结合、优化服务，形成有利于动能转换的制度环境。有效释放改革红利。因此，推动道路客运高质量发展，必须要统筹处理好新旧动能的关系，加快培育发展的新动能，改造提升传统动能，加快新旧动能转换，实现"增量崛起"与"存量变革"的协同并举。

第四节 优化策略

新发展阶段,道路客运应紧扣通达度深、覆盖面广、机动性强的比较优势,立足基础性、衔接性、多样性的发展定位,从线网、场站、运营等要素入手,调整线网逐步从"覆盖干支网络"转向"去干保中拓支",推动客运场站向"小型化、便民化、综合化、智慧化"转变,创新服务模式提供"门到门""点到点"服务,发挥好道路客运"微循环、广覆盖"的先天优势、"机动灵活、适应性强"的竞争优势、"穿针引线、牵线搭桥"的衔接优势,优化形成衔接枢纽、联结城乡,高效优质的道路客运服务网络,更好地满足人民群众出行需求。

一、优化线网布局

道路客运作为满足人民群众出行需求的运输方式之一,其普遍服务的社会功能不可或缺、不可替代的。因此,立足新时代道路客运基础性的发展定位,考虑到我国幅员广阔、区域发展不均衡,班线客运"车头向下"还有潜在市场发展空间。

1.立足地区差异,分类推进班线资源优化

一直以来,班线客运以其独特技术经济特性成为承担城际间、城乡间人员往来主要、覆盖面最广、完成运输量增长最快的客运服务方式,肩负着人民群众出行公共服务的重任。但快速发展的高速铁路、高位增长的私人汽车,给班线客运市场带来了巨大冲击,导致其客运量开始呈现连年趋势性下滑态势。从客运班线数量的地区分布来看,近十年东部地区客运班线数量持续下降,2021年较2012年客运班线总数减少40.1%,年均减少4.9%;中部地区客运班线总数减少了18.8%,年均减少2.2%;西部地区客运班线数量基本持平。对比2012年和2021年各省(自治区、直辖市)客运班线数量,只有湖北、四川、云南、甘肃和新疆5个省(自治区)的客运班线数量有增加,其余省(自治区、直辖市)的客运班线数量均在减少,浙江、江苏、山东等几乎减半。

在新形势下班线客运是否有必要继续存在,以及如何转型发展问题成为业界

讨论焦点。吴群琪等学者基于出行剩余理论揭示了旅客选择道路运输服务方式的机理,结合未来道路客运需求特性和班线客运的技术经济特征,系统研判了班线客运发展条件的理论与方法。研究结果表明:班线客运在中等经济地区具有一定的生存空间,而欠发达地区人们更是依赖于班线客运出行。基于我国金字塔形的社会结构、高速铁路为班线客运带来的大量集散客流以及自身的专业化优势,班线客运一定程度上仍然可以满足旅客对于安全出行、经济出行、绿色出行等需求,在未来一段时间内仍然有较大的市场空间。尤其是在西部欠发达地区,务工人员、学生群体等消费能力偏弱的群体依然是班线客运的相对固定客群,需要班线客运作为基础性公共服务满足其出行需求,因此线网布局要立足基础性服务功能,提高客运服务深度和广度。而东中部发达地区,班线客运发展空间相对受限,线路布设要立足衔接性、多样性功能,发挥接驳集散功能,利用运营组织灵活的特点,提高出行便利性。

2. 聚焦短距离出行市场,优化中短途客运班线

随着综合运输体系的不断完善,道路客运由于自身速度、舒适度、安全性方面的不足,在远距离出行市场中处于较为劣势的地位。道路客运发展应充分发挥点多、面广、"门到门"的优势,战略性放弃长距离出行市场中的直达服务,重点放在提升中短距离出行服务品质方面,以进一步提升出行便捷度作为优化发展的首位目标,优化线路规划布局,定期开展线路评估,结合市场需求筛选、淘汰不合理班线,提高班线的运行效率和效益;在条件成熟的班线上增加班线车次密度,尽可能缩短旅客出行等待时间,实现旅客随到随走,让旅客在出行时体会到更多的便利和快捷。在基本不影响运输效率的情况下,适当增加中途上下客点,将道路客运"站对站"的直达模式逐步调整为"点到点""门到门",增强旅客的方便性,使旅客感到选择道路客运出行的方便,从而吸引更多旅客。

3. 发挥接驳集散功能,发展高速铁路接驳班线

对于长距离出行市场,道路客运重点关注对高速铁路等长距离出行方式的接驳集散功能,服务好高速铁路接驳需求。尽管高速铁路在长距离运输中相对公路客运具有运输速度快、准点率高、安全性高等绝对优势,但对于县级及以下城市,高

速铁路站仍存在远离城市中心等问题,接驳需求普遍存在。当高速铁路车站开通后,道路客运的长距离出行需求会向高速铁路转移,但与此同时也诱增出新的接驳需求。因此,道路客运可以发挥客运网络密集以及机动灵活的优势,开通高速铁路接驳线路积极开拓接驳市场;同时,在对高速铁路的接驳服务提供时考虑定制化接驳的发展趋势,采用更加灵活的方式做好接驳服务,并从站点规划、运营服务、票制票价等方面入手,实现时间与空间上的"零距离换乘"。

4.细分目的地下沉服务,开行铁路盲区班线

道路客运在面对高速铁路竞争,并不是完全处于劣势地位。对于部分县级市—县级市出行,虽然所属地级市之间开通了高速铁路,但高速铁路车站距离起讫地县级市较远时,道路客运出行需求仍然旺盛。研究表明,在高速铁路车站距离起讫地城市超过30km的情况下,旅客在短途城际出行中会优先选择更为灵活的道路客运出行方式。以无锡—苏州常熟为例,由于选择高速铁路方式后仍然存在高速铁路站至最后目的地的接驳问题,旅客综合考虑出行时间与花费,发现道路客运存在较大优势,线路客运需求旺盛。因此,道路客运应根据高速铁路服务盲区,以乘客需求为导向细分目的地,将服务目标下沉到高速铁路客运无法很好地满足县级层面,开行铁路盲区班线,凭借自身完善的客运网络与良好的站点覆盖性,为旅客出行提供便捷直达服务。此外,还可以通过开通与就近高速铁路车站的专线直达班车,让不通高速铁路的地区连通高速铁路路网,实现快捷出行。

二、盘活场站资源

随着道路客运需求的大幅萎缩,加上定制客运蓬勃发展,大量客运车辆不再需要进站组客,客运场站普遍经营困难,设施空间闲置现象凸显。因此,优化利用现有客运场站资源,积极探索在新形势下客运场站的综合利用,成为道路客运体系优化的重点内容。

1.规模小型化

道路客运市场的萎缩导致客运站客流量明显下降,定制客运发展也使得客运站的站务功能在逐渐被弱化,总体上对汽车客运站数量和规模要求都在同步下降,

未来客运站的发展模式必将是朝着小型化的方向发展。考虑到道路客运市场萎缩和汽车客运站发送量持续下降的现实情况,2020年7月1日正式实施的《汽车客运站级别划分和建设要求》(JT/T 200—2020)已将汽车客运站级别调整为三级,并将等级客运站日发量标准相应调减为一级站5000人次以上、二级站2000～5000人次、三级站300～2000人次,同时增加了便捷车站和招呼站设置要求。推动场站小型化、便民化是客运站建设和布局调整优化的必然选择。

2. 站点便民化

为充分发挥道路客运"门到门""点到点"优势,《道路旅客运输及客运站管理规定》鼓励在群众出行需求集中、具备车辆停靠和人员集散条件、已自然形成搭客载物点的高速公路服务区、机场、铁路枢纽、公交站、大型市场、产业园区、学校聚集区等客源密集区设置停靠站点,便利旅客出行。顺应人民群众便捷、灵活乘车需求,弱化传统客运站的规模聚集客流效应,在核心线路沿途或者客流集中地发展"多点",推动构建"1+N"(一站加多点)或"X+N"(多站共享多点)的客运站延伸服务体系,打造"小而精"的停靠站点,扩大客运站点的覆盖面,将是客运站创新服务的重要方向。

3. 功能综合化

传统道路客运场站要推动向综合服务设施转型。高速铁路民航覆盖地区重点依托综合客运枢纽配建公路客运服务功能,为旅客提供一体化的客运服务;在高速铁路民航未覆盖地区,优化调整汽车客运站的空间布局和功能区设置,在充分保障道路客运基本服务功能的前提下,拓展旅游集散、快递物流、汽车后服务、商业等服务功能,推动以站促商、以商养站、多元经营、盘活资源;在农村地区重点打造具备客运、货运物流、邮政快递、供销、电商、旅游、养护管理等综合服务功能的节点设施,统筹利用资源优先发展乡镇运输服务站,增强公共服务能力。

4. 服务智慧化

网约车、定制客运等新业态、新模式的快速发展证明了网络平台的出现使得旅客出行需求和运输服务供给的匹配和售购票等环节具备了从线下转移到线上的客观条件,同时也深度影响和深刻改变了旅客出行习惯,一网购票、一票(码)通行、无感式、自助式服务逐渐成为出行需求新趋势。客运站作为客运组织的实体节点,其传统的线下运营服务模式已经越来越不能适应出行需求的变化趋势,实现票务服务、票证核验、运力调度、联程换乘等运营服务线上化、智能化、一体化,将成为客运站自身转型升级发展以及实现与其他交通运输方式一体衔接重要方向。

三、创新运营模式

以市场需求导向为根本出发点,以互联网思维和市场思维创新运营服务模式,从空间、时间、方式等多维度向旅客提供更加"灵活、快速、小批量"的道路客运服务,增强道路客运供给结构对市场需求变化的适应性和灵活性。

1. 加速发展定制客运

以旅客为中心,注重服务质量与用户体验,按照"规模化、网络化、平台化"要求,全力推进定制客运高质量、集约化发展;加快推动城际之间"点到点"客运服务,形成"站到站""点到点"服务模式;加快发展旅游客运、包车客运、城市客运、校园接送、机场班线、公商务用车、汽车租赁等新兴板块,全力打造定制化、个性化服务新模式,促进多种客运方式与班线客运融合发展。

2. 推进运游融合发展

深入推动运游融合发展将是道路客运行业实现融合发展的有效路径。一方面科学规划旅游客运服务网络,构建多元化的旅游客运服务体系,合理调控运输服务和旅游资源,构建层次清晰、结构合理的干线、支线和个性化三级旅游客运服务网络,推进客运枢纽到重点旅游景区的客车线路全覆盖,提高旅游城市的快捷性以及旅游景区的便捷性和通达性;另一方面依托现有的场站、车辆、人员等资源,引导有条件的客运站增加旅游集散中心功能,积极开通"景区直通车"、旅游专线,打造"车票+门票""车票+门票+酒店"等旅游客运服务产品,为游客提供全链条、一站式、个性化、多元化的便捷出行服务;此外,须增强城乡客运线路服务乡村旅游的能力。根据游客需求和旅游市场特点,开行定制化旅游线路。

3. 全面推进联程运输

在构建综合交通运输服务体系的大背景下,以开放合作的精神,推动行业由自身独立发展转向协同融合发展,将是道路客运行业转型升级发展的必然途径。道路客运企业必须充分发挥自身优势,积极融入综合运输体系建设,充分发挥道路客运比较优势,通过设立城市候机楼、"高速铁路无轨站"等方式,积极开辟机场至周边城市的机场专线、开行重点铁路枢纽至周边区县的高速铁路接驳专线,发展"公铁联运""空巴通"等联程运输模式,积极打造"铁路+公路""民航+公路"等联程运输模式,实现与其他运输方式的协同融合。

4. 细分客运服务场景

随着出行场景化的需求变化,针对特定群体提供直达出行服务,对于完善道路客运服务体系具有重要意义。针对学生、就医、驾校等特定人群出行,道路客运企业可以发挥自身"门到门"优势,开通校园直通车、医疗直通车、学驾专线等,提供特色直达服务。如大学城多位于城市外围,对于居住在学校周边城市地区的大学生而言,到达客运站所需时间可能超过乘坐短途客车的时间,出行便捷性较低。客运企业可以根据学生出行需求,在节假日期间开通校园直通车,面向大学生提供校园城际客运班线服务。由于我国优质医疗资源一般集中于一线城市,导致周边地区存在大量由就诊引发的出行需求,客运企业可以开通医疗直通车提供就医直达服务。

5. 强化服务品牌建设

服务品牌意味着企业的诚信,优秀的品质,市场的认同,是企业的无形资产,代表了企业的竞争力。如今的道路客运不再只是单纯地把旅客从一个地方运送到另一个地方,而是要求企业要不断地提高服务质量,以优质的服务、优美的环境、优良的秩序吸引旅客乘坐汽车出行以质量信誉赢取旅客的信任。道路客运只有把服务做精做细,制定和完善企业安全管理制度,加强车辆、人员的管理,注重企业文化建设,切实落实站务规范化、服务人性化,把工作当事业,在实践中不断创新服务载体,才能提高服务质量。

四、安全智慧发展

1. 强化综合治理和安全监管

安全是客运服务发展的本质要求和基本前提。近几年,道路客运重特大事故时有发生,严重影响了人民群众安全便捷出行,造成了重大的人员伤亡和财产损失,也给道路客运安全生产再次敲响了警钟。要求持续加强和规范客运企业安全生产工作,提高企业安全管理水平,全面落实客运企业安全主体责任,强化安全生产基础保障,建立和完善安全生产制度,开展安全隐患排查治理与风险管控,打牢安全管理基础。

2. 推动道路客运服务智慧化

充分利用互联网、大数据等信息化手段,大力推进"互联网+"道路客运发展。道路客运运营方面,提高道路客运联网售票服务质量,深入推进电子客票应用,发展全程数字化、智能化服务模式,努力实现"一键出行",推动服务水平和运营效率全面提升。汽车客运站发展方面,以二级以上客运站和综合客运枢纽为重点,推广普及道路客运电子客票,推动售取票、检票、安检、换乘等服务"一码(证)通行",打造智慧车站,提升客运场站信息化、智能化及安全运营管理水平。

3. 加快智慧车站建设

着力优化C端乘客出行体验,通过部署刷脸自助购取票机、人脸识别验票检票闸机、上车引导等智能化设备,优化购票、取票、实名制验票、检票、上车出行流程,实现乘客无纸化绿色出行、无拥堵刷脸便捷出行;通过智能售票、智能查询显示、智能检票,以及客运站调度系统、监控系统、稽查系统安检系统、系列项目的建设改造应用,全面提升场站服务作业水平,让旅客获得想要的有效信息,"踏踏实实候车,舒舒服服上车,明明白白坐车"。此外,通过移动互联网、车牌识别、车载终端等设备和智慧信息平台,实现高效的道路运输场站智能调度和进出口控制,提高道路客运场站的应急处置能力;通过车辆信息数据化和深度学习算法,驾驶员能够"报班不下车,停车有引导",从而推动场站内的车辆秩序优化;通过智能设备管理代替人工管理,提升安全管理水平,降低人为风险和人工成本,着力提升场站智慧化管理服务水平。

第四章　新时代道路客运体系优化实施路径

在新的市场格局和发展形势下,深入推进道路客运转型发展要求必须紧扣道路客运通达度深、覆盖面广、机动性强的比较优势,立足基础性、衔接性、多样性的发展定位,从线网、场站、运营等要素入手,调整线网逐步从"覆盖干支网络"转向"去干保中拓支",推动客运场站向"小型化、便民化、综合化、智慧化"转变,创新服务模式提供"门到门""点到点"服务,发挥好道路客运"微循环、广覆盖"的先天优势、"机动灵活、适应性强"的竞争优势、"穿针引线、牵线搭桥"的衔接优势,优化形成衔接枢纽、联结城乡、高效优质的道路客运服务网络,更加注重运输服务的安全性、运输组织和运输装备的环保性和旅客的消费体验,以科学的发展定位和优质的服务品质,来保持和提高道路客运的吸引力,在新的运输市场格局中再次形成优势领域、形成新的竞争力,更好地满足人民群众美好出行需求。

第一节　提高优质服务供给

针对传统业务模式滞后市场需求、新型服务模式发展受限、融合发展条件不完善、综合运输协调不畅和行业人力等制约道路客运服务供给升级的约束,从推动传统服务转型升级、定制化服务优质发展、产业深度融合发展、联程联运实质推进方面入手,增加道路客运供给应对客运市场需求的灵活性和针对性。

一、创新拓展传统业务

相关研究表明:城际出行市场规模近万亿,传统道路客运市场份额仅占25%,

道路客运企业在城际出行市场中仍有充足的发展空间,这就要求传统道路客运企业要充分发挥客运市场运营的经验优势、场站、车辆等资源优势,精确细分目标客户市场,开展细分市场营销,完善高速铁路和城际轨道交通尚未覆盖区域服务网络,积极培育火车站、机场开往周边区域的中短途客运市场,重点发挥200km以内的中短途市(县)际道路客运的比较优势,鼓励支持企业依托班线资源,开展定制化服务,同时发挥资源和管理优势,拓展新的市场领域,不断满足差异化、多样化运输服务需求。

二、加速定制客运发展

《道路旅客运输及客运站管理规定》专门新增了"班车客运定制服务"(简称"定制客运")的章节,对其管理方式、管理流程、经营者和平台要求、运行要求、责任和义务等进行规定,明确了未来一段时期内定制客运规范管理的思路。可以看出,现阶段把定制客运作为班车客运的一种运营方式,是综合考虑市场稳定有序发展和政策调整稳妥接续的一种妥协做法,初衷是给予传统客运企业转型发展的时间窗口,是传统道路客运企业培育和拓展新市场,以及不断培育自身市场营销能力的机会期。因此,把握机遇、加速定制客运发展是激发客运行业优质服务供给、推进道路客运体系的重要路径。

1.激发市场活力

规范定制客运服务备案管理。取得班线经营许可的经营者按照《道路旅客运输及客运站管理规定》要求向原许可机关备案即可开展定制客运业务,加快培育定制客运经营主体,推动具备条件的存量班线资源发展定制客运,全面盘活道路客运存量资源,做大定制客运市场整体"蛋糕"。以改革创新为动力,以数字应用为支撑,放开定制客运车辆、班次、票价管制,由班车客运经营者根据客流情况自行决定线路配置车辆数、核定载客数在7人及以上的车型和日发班次,落实定制客运票价实行市场调节价,给予定制客运经营者更多的经营自主权。

2.提升出行便利

班车客运经营者基于原有班线资源,灵活设置客流需求集中的区域为起讫或停靠站点,定制客运车辆在遵守道路交通安全、城市管理相关法规、政策的前提下,在道路客运班线起讫地、中途停靠地的城市市区、县城城区按照旅客需求停靠。定制客运经营者或客运站经营者在提前做好招呼站安全风险和市场需求调查的基础上,可以在农村港湾式停靠站、城市公交站、商贸综合体、大型居住区、医院等客流集中、交通便利、出入顺畅、方便共享的区域设置临时停靠点,方便旅客上下车。立足乘客体验,坚持规范运营,通过搭建平台推进已有定制客运市场的有效整合,实现现有定制客运企业抱团取暖,打造具有影响力的定制客运出行品牌,提供以人为本、智能化、便捷化的定制客运服务,凸显定制客运"点到点""门到门"服务优势,通过集约化、规模化、规范化发展形成整体竞争优势,扩大定制客运业务覆盖面和影响力,逐步让群众知晓定制客运、认同定制客运、乘坐定制客运,实现利益共增。

3. 强化数字支撑

网络平台获得相关许可准入后可以从事定制客运服务,建立班车客运经营者、驾驶员、车辆档案,确保班线、驾驶员、车辆等资质合法有效。以旅客出行需求数据为基础,提前向旅客提供真实的定制客运班车经营者、车辆、乘车时间与地点等相关信息,并确保发布的信息与实际提供服务的经营者、车辆和驾驶员一致,建立信息发布、信息安全、投诉处理等运营与安全管理制度,按要求如实向交通运输主管部门提供定制客运经营者、车辆、驾驶员信息和相关业务数据。

4. 坚持安全发展

坚持安全为本,落实主体责任,做好风险管控。定制客运经营者和网络平台需要明确权责关系,客运经营者落实安全生产主体责任,配备便携式安检设备、实名制认证设备以及卫星定位装置、智能视频监控等装置,由驾驶员或者其他工作人员对旅客及行李物品进行安全检查,对旅客进行实名制认证。网络平台发现超速、疲劳驾驶、未按照规定的线路行驶等违法行为的,及时通报定制客运经营者,配合做好运营全程闭环管理,增强人民群众出行获得感、安全感。

三、促进运游融合发展

深入推动运游融合发展将是道路客运行业实现融合发展的有效路径。科学规划旅游客运服务网络,构建多元化的旅游客运服务体系,依托现有的场站、车辆、人员等资源,提高旅游城市的快捷性以及旅游景区的便捷性和通达性,为游客提供全链条、一站式、个性化、多元化的便捷出行服务。

1. 创新运游融合服务

为企业创新经营管理理念营造良好的政策环境,鼓励客运企业立足业务优势和资源优势,构建层次清晰、结构合理的干线、支线和个性化三级旅游客运服务网络,推进客运枢纽到重点旅游景区的客车线路全覆盖,打造"景区直通车"、旅游专线,打造"车票+门票""车票+门票+酒店"等旅游客运服务产品,通过企业联盟等组织方式和市场化为主的运作方式,继续大力推动"站运游"一体化旅游客运服务,打造贴合市场需求的"一站式"运游融合服务产品,根据游客需求和旅游市场特点,开行定制化旅游线路。

2. 推进城乡客运与旅游融合发展

依托"四好农村路"建设,鼓励培育以旅游、文化、农业为主题的乡村旅游线路,将美丽乡村及特色田园乡村串珠成线,完善乡村旅游客运服务网络。依托全面推进乡村振兴战略的实施,推动乡村旅游客运线路与新型城镇化建设结合,利用民族村寨、古村古镇等具有历史记忆、地域特色、民族特点的旅游小镇资源,沿线开发旅游客运服务产品。

3. 支持旅游集散中心发展

强化运游融合线下组织,加强和旅游部门的协调合作,支持和引导企业充分利用汽车客运站资源,建设旅游客运集散中心或旅游客运超市等功能设施,引导各地管理部门和相关企业结合当地重点景区景点,进一步加强客运换乘枢纽建设,畅通运游融合发展的基础设施网络。

4. 建立信用管理联动机制

加强与旅游部门的信息互联互通,实现旅行社、导游等旅游数据与车辆、驾驶员等交通数据的共享和互认,实现旅游、交通部门动态信息公开推送,及时共享旅游客运市场信息,强化旅游客运的信用管理,完善乘客和社会监督机制,实施联动惩戒,强化联动监管,建立完善市场退出机制。

四、推动联程联运发展

在构建综合交通运输服务体系的大背景下,道路客运企业必须充分发挥自身优势,积极融入综合运输体系建设,以开放合作的精神,充分发挥道路客运比较优势,推动行业由自身独立发展转向协同融合发展。

1. 培育市场主体

成立跨方式合资运营主体,充分整合和高效利用既有综合运输资源,协同开展旅客联运相关服务。通过设立城市候机楼、"高速铁路无轨站"等方式,积极开辟机场至周边城市的机场专线、开行重点铁路枢纽至周边区县的高速铁路接驳专线,发展"公铁联运""空巴通"等联程联运模式,积极打造"铁路+公路""民航+公路""公路+公路"等联程联运模式,实现与其他运输方式的协同融合。依托旅行社、第三方平台等,充分整合各方资源,围绕"一站式"购取票、行李直挂等业务,开展旅客联运经营活动,并制定完善相关法规标准,明确权利义务、准入退出制度和基本服务标准。

2. 提升服务品质

立足道路客运的基础性、衔接性、多样性,提升枢纽场站的衔接换乘水平,按照客运"零距离换乘"的理念和要求,分类推进综合客运枢纽建设,要在综合枢纽的规划建设阶段,推进"统一规划、统一设计、统一建设、统一运营管理",推动立体换乘、同台换乘。新建枢纽场站要重点突出开放式、立体化的功能定位。在硬件设施条件不具备的大型客运枢纽场站,道路客运要创新业务模式,通过业务组织模式创新来进一步加强道路客运与铁路、民航枢纽的有效对接,弥补硬件衔接设施的不足。同时,优化综合客运枢纽内行李安检流程和安检标准,推进不同运输方式间行李安检标准互认和流程对接,创新行李托运服务模式,重点在空巴、公铁联运服务中推广行李直挂服务。建立跨运输方式的旅客联运安全监管体系,明确安全生产责任主体,明晰旅客联运服务流程、规范和要求。

3. 加强信息互通

加快各种运输方式售票系统接口开放,促进不同运输方式票务信息共享和系统对接,实现旅客"一站式购票"。研究建立涵盖不同运输方式的客运信息大数据中心及运营数据信息共享平台,推动运输方式间信息互通共享,促进跨方式运输组织协同。

第二节 提高资源配置效率

道路运输的三大要素包括"人、车、路",道路客运资源要素质量主要是指行业从业人员的素质、车辆装备的质量以及场站服务设施等,道路客运要转型为现代服务业,就需要与之相匹配的高质量的人员、车辆装备、场站体系。

一、优化运力资源配置

未来,结合道路客运市场形态的变化,改变基于"班线"概念的对"班次""车辆配置"等的管制。不管"班线客运""包车客运"是否还会继续存在或者以什么形式存在,从行业政策的包容性和实施行业管理的本质看,这种变化应该更多地被认为是市场层面的变化、市场层面的选择,而不宜在行业管理政策层面过多地有对应体现。班次、车辆等生产要素本来属于市场经营者,未来对生产要素配置的权利也应该更多地交给市场。行业管理部门更应该借助现代技术的发展加强自身监管能力建设,发挥大数据、互联网、区块链技术等在监管和执法方面的作用,发挥乘客和社会大众的监管作用,通过先进技术的应用、市场机制的完善、法制环境的优化等,实施更加高效、精准的监管,建立基于消费者反馈的、公开的、受社会监督、受法律保护的市场退出机制,控制行业的外部效应。

二、完善场站服务体系

从运输组织模式变革的顶层考虑出发,优化客运场站的结构体系。顺应分散化的旅客出行需求特征,改变以客运站为核心的"四定"模式,顺应市场需求的变化,推动实现"三段式"出行链条为"一段式"出行链条,逐渐弱化客运站在旅客运输过程中的核心作用。从再造出行体系的视角出发,改变以大型客运站为核心的场站结构体系，重点规范发展分散化、小型化形态的客运站点，统筹公共资源，推动建设"一站多点"的客运场站服务体系，推动客运企业在遵守道路交通安全、城市管理相关法律法规和交通限制措施的前提下，根据出行规律灵活设置便利停靠点，最终形成与客运服务模式相匹配的场站结构形态体系。

三、优化场站功能布局

客运场站作为道路旅客运输网络的节点，是重要的运输组织和信息服务的场所，不同层级客运站功能定位亦有所差异。针对市、县、乡、村四级客运场站的服务功能定位差异，开展场站分级布局优化及功能调整。

1. 市级客运站

一要优化现有客运场站规模布局，研究以土地资源置换等方式重新调整场站空间布局，发展规模适宜、选址合理的客运站。针对有高速铁路车站、民航机场的城市，推动道路客运站与高速铁路车站、机场等一体化规划建设，推动不同交通方式场站集中布局、空间共享、立体或同台换乘，优化安检流程，方便群众换乘。二要针对旅客便捷出行需求，大力发展小型的便捷车站和招呼站，在大型市场、产业园区、学校聚集区、旅游风景区、高速公路服务区等客源密集区域建设适宜的道路客运停靠站，形成分布广泛、换乘方便、层次清晰的汽车客运场站体系。三要推动客运站资源综合利用，在保持客运站基本服务功能和确保安全前提下，拓展商业、旅游集散、邮政、物流和汽车后服务等服务功能。四是加强现有场站升级改造，提升车站自身运营效率，鼓励汽车客运站采取安检智能化、报班和检票自助化等服务模式，提高服务水平，打造"智慧车站"。

2. 县级客运站

一要综合考虑县城交通需求、城乡交通需求、对外交通衔接，适当控制场站数量，把客运站打造成为对外交通、城区交通和城乡交通的转换节点。二要积极拓展客运场站功能，引导存量县级客运站充分利用候车厅、售票厅等设施的闲置空间开展商业开发，因地制宜拓展旅游客运、商业服务功能，结合县级农村三级物流节点构建，拓展客运场站物流服务功能。三要深化城乡交通场站融合共享，引导客运站与公交枢纽站在同一场区内集中布设,支持闲置停发车场引入城市公交车辆停放、发车,提高城市公交与道路客运的衔接水平,强化道路客运与公交、出租汽车、社会车辆的换乘衔接。

3. 乡镇客运站

一要优化场站选址,鼓励在乡镇中心、人口稠密、老百姓出行方便的位置建设乡镇客运站。二是明确功能,综合考虑综合服务站功能需求与构成,统筹规划建设标准适宜、规模合理、功能实用的乡镇综合运输服务站。三是鼓励存量乡镇客运站与邮政快递网点、物流配送站、农村超市及农业服务场所深度融合,提升客运场站可持续运营能力,拓展物流、邮政、农村旅游、农村商超、电子商务、农机化肥运输等综合服务功能。

4. 村级客运站点

结合农村公路建设和农村客运线路走向综合设置,在街头村口、人口集聚、百姓出行方便的位置建设停靠站或招呼站。对于站点形式,农村客运站应以停靠点、招呼站为主要形式,可与商店、学校、村委会等标志性建筑结合设置。拓展物流、邮政、农村商超、电子商务、农机化肥运输等综合服务功能,促进客货邮融合发展。

四、提高要素投入质量

1. 提升从业人员职业素质

"人"作为道路客运服务最关键的因素,从业人员素质水平决定着转型升级的进度、质量,甚至成败,提高从业人员素质是推动客运服务高质量发展、实现行业软实力持续提升的重要抓手。要大力提升从业人员技能素质。完善职业教育与职业培训相结合的终身教育体系,加快构建高水平的交通运输现代职业教育体系。加强职业教育与职业培训基础能力建设,促进职业教育和职业培训现代化。加快完善从业人员职业保障。加强交通运输行业从业人员职业标准建设,加快推进从业人员信用建设。

2. 提升运输装备水平

加强客运车辆装备高端技术自主研究能力,大力推进新型客运车辆以及自动驾驶等系统集成技术研究开发与应用,围绕载运工具通信、安全、新能源等领域,开展科技攻关、研发应用。推进自动驾驶载运工具核心技术的研发与应用,研发与推广应用智能车载设施和自动驾驶车辆,推进智联网联汽车的产业化发展,推动旅客运输方式和发展模式产生革命性变化和颠覆性创新。推进运输装备绿色升级。以运输装备能源清洁化、专业标准化和绿色低碳化为重点,推进相关节能技术与新能源使用技术的研发,以"零排放"为导向,推广应用新能源和清洁能源车辆。

五、深化客运价格改革

价格机制是市场机制的核心,市场决定价格是市场在资源配置中起决定性作用的关键。从发挥市场机制作用的角度,树立并强化市场机制意识,推动道路旅客运输领域价格的市场化改革,逐步扩大经营者自主定价范围,适时放开竞争性领域价格,完善价格收费规则,凡是能由市场形成价格的都交给市场,激发市场活力,提高资源配置效率。对于农村客运等不具备放开条件的道路客运价格,建立健全科学反映成本、体现质量效率、灵活动态调整的政府定价机制,提高客运经营者可持续发展能力。

第三节 提高均等服务能力

在打造高品质服务供给的同时,道路客运发展还要继续"车头向下",继续完善城乡道路客运一体化服务网络,大力推进城乡客运服务一体化发展,关注经济欠发达地区低层级出行需求,进一步提升公共服务的均等化水平。

一、保障基本出行服务供给

道路客运是保障人民群众便捷出行的基础性服务行业,其基础性的特征决定其普遍服务社会的功能是不可或缺的。因此,在打造高品质、多样化道路运输服务的同时,还应更加注重基础性、保障性服务的提供。要在发展定制化客运等便捷化程度高、市场化程度高、服务品质高的运输服务产品的同时,考虑道路客运的兜底性服务,满足对出行效率和服务品质需求不高、消费能力较低的人群的基本出行需求,保障基本出行的可选择性。此外,也要提供特殊群体的出行权益保障,在老年人和残疾人等出行购票、场站设施功能配置、车辆配置等方面和环节,更加注重特殊服务需求,推进无障碍通道等辅助设施改造,提高老年人、残疾人士对相关设备和软件的易操作性,提升对特殊群众的人性化服务水平。

二、提升农村客运服务水平

1. 优化完善农村客运服务网络

结合城镇规划和农村群众出行需求特征,有针对性地优化农村客运线网结构,合理配置运力和班次。在城镇化水平较高、经济基础较好、人口密集、客流集中的地区,有序推动城市公交线路向乡村延伸、农村客运班线公交化改造,提升农村客运公交化率。鼓励有条件的地区结合实际,有重点、分阶段在镇域内发展"镇村公交"。

2. 提升农村客运服务供给质量

积极推进线路布设、站点布局、运力投放、运营时刻安排、服务信息发布等方面有效衔接,使农村客运服务切实符合农村居民出行习惯,最大程度实现服务供给与出行需求的精准匹配。规范推进农村客运标识、乡村客运招呼站(牌)公示内容、车辆外观和从业人员标识,加强线路名称、线路走向、沿途停靠站点、首末站发车班次时刻、票价和监督电话等信息公示,维护车容车貌,提升农村客运的出行体验。

3. 合理配置农村客运车型

按照"因地制宜、安全适用"的原则,结合地形条件、道路状况、线路走向、客运需求等因素,选配符合安全标准、客货兼顾、经济适用的农村客运车型。

三、建立长效稳定投入机制

1. 强化农村客运资金保障

《道路旅客运输及客运站管理规定》已经明确了农村道路客运的公益属性定位。为更好地推进农村客运高质量发展,需要社会各方进一步凝聚共识,提高认识。发展地看,农村客运与城市客运其实并无本质的区别,随着城乡二元结构的逐步消亡,农村客运与城市客运也将逐步统一。长远地看,从乡村振兴乃至共同富裕的战略目标出发,为实现更加公平的发展,也需要提升农村客运公共服务均等化水平,因此,应将农村客运发展作为一项民生工程。作为农村客运发展的责任主体,县级政府应将农村客运的发展纳入政府工作,建立与财政能力相适应的公共财政补贴机制,通过政府购买服务等方式,保障农村客运可持续稳定发展。通过实行服务质量考核与地方财政补贴挂钩机制,引导经营者不断改进安全管理和服务。县级政府还应加强对农村客运动态运行情况的跟踪管理,识别各类"通反不通"的风险,制定差异化的政策,实现巩固拓展脱贫攻坚成果同乡村振兴有效衔接。省级部门应统筹用好中央财政补助资金,加快完善农村客运油价补贴政策实施方案,利用车购税资金对城乡交通运输一体化示范县安排必要的投资补助,强化绩效考核,共同推动农村客运发展。此外,在强化政府作用的同时,还要注重强化农村客运的造血能力,并积极吸引社会资本参与。

2. 提升农村客运经营能力

推进农村客运经营主体和客运资源整合,推广集约化农村客运发展模式,提高农村客运组织化程度和抗风险能力。支持农村客运经营主体创新经营模式,统筹农村客运、物流、邮政、农机化肥运输等资源融合发展,探索"一点多能、一网多用、深度融合"的农村客运发展新模式,打造集约高效的农村交通运输融合发展体系,增强可持续经营发展能力。加强农村客运与旅游产业融合发展,鼓励开通至景区景点的旅游专线、旅游直通车等,扩大对农村旅游景点的通达深度和覆盖范围,保障乡村旅游目的地便捷高效通达。

第四节 提高安全发展水平

道路客运是面向社会的服务性行业,与人民群众的生活和生命财产安全密切相关,安全生产状况涉及千家万户,关系生命财产安危。道路客运发展必须坚持守住底线,完善安全责任体系,强化企业主体责任,优化部门监管责任,改变监管念,强化监管手段,加强新业态运行监管,全面强化道路客运安全治理能力建设。

一、落实企业安全主体责任

持续深入推进道路客运企业建立安全生产管理体系,完善客运企业安全生产责任体系、企业安全生产制度体系、企业安全生产培训教育体系和安全生产投入保障机制;推进客运企业安全生产标准化建设,引导客运企业建立安全生产标准化实施方案,明确企业安全生产方针和目标;加大对客运企业生产作业以及落实各项安全生产制度的动态监管,强化客运企业安全生产绩效评价及考核,并将考核结果与客运线路资源配置、企业质量信誉档案、资质等级评定等相结合,实现安全监管常态化。

二、加强新业态的运行监管

1.加强对新业态的研判

对于互联网包车等道路客运市场出现的新业态新模式,要加强研判,从是否有利于改善出行、是否有利于提高出行效率、是否满足广大乘客的出行需求等角度,深入分析其产生发展的内在合理性和可能的负面外部效应,要善于借助新业态新模式的市场发展推动行业创新发展,丰富行业服务产品,改善行业服务品质,促进行业高质量竞争。

2.强化定制客运综合监管

实施线上线下融合监管,加强对定制客运安全运行与服务质量的数字化监管,对监管发现的异常情况进行预警分析和追踪处置。发现网络平台组织非营运车辆和未取得相应从业资格的驾驶员从事定制客运业务等违法行为的要依法处置。利用"双随机"、联合检查等机制,加强对定制客运的检查指导,规范经营秩序,确保行业健康稳定。

下篇

制度展望篇

第五章 定制客运运行监测体系建设方案

道路客运定制服务（简称"定制客运"）是道路客运与互联网融合创新的产物，班线客运经营者依托网络平台突破"车进站、人归点"的运输组织方式，根据旅客出行需求，灵活安排班次、调配车辆、设置旅客上下车点，打破了"车进站、人归点"的传统班车客运组织模式，在发车时间、班次安排、乘降站点等方面享有更大的运营灵活度，更好地满足了人民群众高品质、个性化出行需求。随着道路客运转型升级的加快推进，具备"门到门""点到点""随客而行"运输优势的定制客运业务形态逐步成为主流，定制客运业务的迅速发展，多样化的运输组织模式和方便快捷的乘车方式受到了人民群众的普遍认可，市场规模初显。顺应道路客运新业态发展趋势要求，开展定制客运运行监测体系建设研究，构建定制客运运行监测指标体系，研究定制客运运行监测体系建设方案，设计与研发定制客运运行监测系统，以数据为关键要素和核心驱动，跟踪分析我国定制客运发展运营总体状况，以期为交通运输主管部门准确掌握定制客运运行情况、提升定制客运服务质量、推动道路客运新业态、新模式健康发展提供决策支持。

第一节 定制客运运行特征分析

2020年7月，交通运输部修订发布了《道路旅客运输及客运站管理规定》（交通运输部令2020年第17号），新增了"班车客运定制服务"章节，就鼓励和规范开展定制客运作出了顶层设计，明确了定制客运的含义及基本要求，对其管理方式、管理流程、经营者和平台要求、运行要求、责任和义务等进行规定，标志着定制客运正式开启了新征程、新纪元。定制客运依托网络平台开展信息发布、出行预约、售票等线上服务,突破"车进站、人归点"运输组织方式,以灵活的乘降站点、线路、符合条件的车辆和驾驶员开展线下服务,为旅客提供"点到点""门到门"道路客运服务方式,是适应运输需求的变化在传统道路客运基础之上延伸出来的道路客运组织方式,是响应人民群众高品质、个性化出行需求的客运服务模式。

一、基本特征

1.定制客运是"互联网+"道路客运的业务形态

定制客运是"互联网+"道路客运服务的一种创新服务模式,利用互联网技术将旅客个性化出行需求与道路客运行业运力资源精准匹配,为旅客提供跨区域、需求响应式的运输服务。结合《道路旅客运输及客运站管理规定》中定制客运有关规定,要求"已经取得道路客运班线经营许可的经营者"才能开展定制客运业务,是捆绑班线开展业务的,定位是一种班车客运运营方式,主要承担城际旅客运输服务。定制客运的运营服务主要基于互动式、集成化的定制客运网络平台完成。通过定制客运网络平台,旅客可进行出行预约、方案选择、客票预订和客票购买等;与此同时,经营者可获取全面、准确的旅客出行信息并为其定制化出行编制科学合理的运行计划。在定制客运运营服务中,旅客的出行需求决策与经营者的运行计划编制是一个动态、互动的协同优化过程。

2.定制客运是体现供给与需求相协同的运输模式

传统班车客运是需求方被动适应供给方的运营模式,包车客运则是供给方适应需求方的运营模式,而定制客运则将两者的优势进行了融合,以供需双方相互对等、协同的方式,提供灵活发车时间、灵活上下旅客地点的出行服务,充分发挥了道路客运比较优势。依托互联网平台发布出行需求,使定制客运企业更好地服务于旅客个性化出行需求,为旅客提供方便快捷的定制出行服务,同时也能更好地满足特殊重点群体的出行需求,体现了以旅客需求为主的服务理念。

3.定制客运必须依托电子商务平台进行运营调度

《道路旅客运输及客运站管理规定》对定制客运的定义为:已经取得道路客运

班线经营许可的经营者依托电子商务平台发布道路客运班线起讫地等信息、开展线上售票,按照旅客需求灵活确定发车时间、上下旅客地点并提供运输服务的班车客运运营方式。定制客运服务发布形式有别于传统道路客运方式,定制客运经营者须通过互联网平台发布定制客运供应信息,乘客通过互联网平台预约行程。定制客运的核心在于以旅客需求为中心,依托互联网技术动态获取客运需求、线上组客,调控运力投入、发班频率、行驶线路和停靠站点,进行客票预定、支付,实现按需定制、灵活发班。相比传统道路客运固定线路、站点、车辆配置、发车时刻,在出行意愿不稳定的情况下难以保障运输收入。而定制客运可根据互联网平台上旅客发布出行需求信息,合理规划运行线路,灵活调配车辆,个性化定制化服务能确保上座率,运能充分运用,保障经营者运营效益。

二、服务模式

传统班车客运旅客的出行链划分为起点城市内出行、城际出行、讫点城市内出行等3个阶段,与传统班车客运出行链的3个阶段不同,定制客运通过减少旅客在起讫点城市到公路客运站的换乘,将3个阶段融合为1个阶段,为旅客提供"点到点""门到门"的城际出行服务。假设服务区域A与服务区域B为出发城市内划分的两个服务区域,S_1和S_2分别为服务区域A和服务区域B的始发地客运站。基准线路Ⅰ和基准线路Ⅱ分别为S_1和S_2客运站至目的城市班车客运的线路。1~3和4~6分别为两个服务区域内的动态站点,动态线路1为服务区域A内定制客运响应旅客预约出行需求的线路,动态线路2为服务区域B内定制客运响应旅客预约出行需求的线路。在起讫点城市的定制客运服务区域内,客运经营者无须进站发车,依据旅客预约出行的时间窗和乘降场所,设置动态停靠站点,优化运行线路与发车时刻。与班车客运模式下旅客需要从出行起点换乘到客运站上车相比,定制客运模式下旅客可根据出行起点预约就近的站点上车,真正实现旅客"点到点""门到门"出行。定制客运服务模式如图5-1所示。

可以看出,与传统班车客运相比,定制客运运营服务模式有两个显著特点:一是人民群众出行便捷程度显著提高。在班车客运模式下,旅客只能到客运站乘车,从其出行全过程看,旅客的出行链包含2个市内段出行和1个城际段出行。而在定制客运模式下,旅客在其预约的地点乘车,减少了其从出行起点到客运站的换乘,将3个阶段融合为1个阶段。定制客运能够为人民群众提供一站式直达的城际出行服务,提高了其出行的便捷性。二是供给与需求的协同程度显著提升。在班车客运模式下,旅客只能被动接受和适应经营者提前编制的运行计划,是需求方被动适应供给方的运营模式。而在定制客运模式下,旅客既是出行服务的需求者,又是运行计划编制的主动参与者,可以与经营者协同确定线路、时刻表等。因此,定制客运模式下,人民群众出行的自主性和体验感得以显著提升。

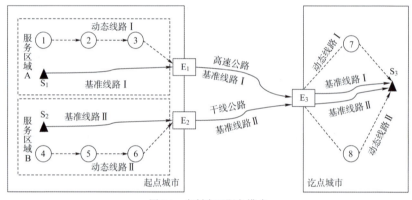

图5-1 定制客运服务模式

三、运营方式

从目前定制客运开展情况来看,定制客运运营组织方式主要包括专线运营和专车运营。

1. 专线运营

定制客运专线运营主要是在原有客运班线基础上,根据乘客需求就近增加上下车点,基本保留定线、定时、定点的特点,为旅客提供的"点到点"、场景化专线运输服务。目前,定制客运专线运营的场景体现主要有机场专线、校园巴士、通勤巴士、景区巴士以及城际拼车、定制快车等形式。

2. 专车运营

定制客运专车运营主要是根据乘客需求及时响应类,定点变成"点到门、门到门",定线变成"随客而行",定时变成"随客时间"或者提供多个乘车时间供乘客选择。目前,定制客运专车运营场景体现主要有城际专车、定制包车等形式。

四、运营流程

定制客运运营系统主要包括旅客、客运服务经营者、定制客运信息服务平台、服务车辆等4个组成部分,且运营流程依托定制客运信息服务平台完成。通过定制客运信息服务平台,客运服务经营者可以获取旅客预约出行需求数据、优化动态运行计划、调度车辆进行运输服务。定制客运的运营流程主要包括获取出行需求、运行计划优化、车辆运输服务等3个部分。定制客运的运营和服务主要基于互动式、集成化的定制客运网络平台完成。通过定制客运网络平台,旅客可进行出行预约、方案选择、客票预订和客票购买等;与此同时,经营者可获取全面、准确的旅客出行信息并为其定制化出行编制科学合理的运行计划。在定制客运运营服务中,旅客的出行需求决策与经营者的运行计划编制可以视为一个动态、互动的协同优化过程。

1.获取出行需求

旅客通过定制客运信息服务平台提交其出发地、目的地、时间窗等预约出行需求数据,定制客运信息服务平台将旅客出行需求数据推送给客运经营者。

2.运行计划优化

客运经营者基于旅客的预约出行需求数据,结合对旅客乘降行为、支付意愿等分析,综合考虑定制客运收益、服务水平等,优化车辆运行的站点、线路、时刻表等运行计划,通过定制客运信息服务平台向旅客推送信息。

3.车辆运输服务

传统班车客运模式下,运行计划由客运经营者主导编制,旅客只能被动接受和适应预制的线路、时刻表等。定制客运服务模式下,依据编制的车辆排班、司售人员排班等计划,客运经营者调度服务车辆按照旅客预约的时间窗和动态站点接载旅客,在车辆运行过程中确保服务可靠性并进行实时控制,旅客既是出行服务的需求者,又是运行计划优化的主动参与者,旅客和客运服务经营者通过动态、互动的方式协同优化运行计划,从而使定制客运出行更加个性化、定制化。

定制客运运营流程如图5-2所示。

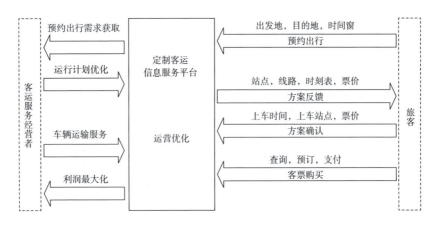

图5-2　定制客运运营流程

第二节　定制客运运行监测管理需求

定制客运作为一种班车客运运营方式,突破了"车进站、人归点"传统班车运输组织方式,传统的基于全国百城百站数据的道路旅客运输经济运行动态监测机制已经不能适应定制客运新业态监测需求,需要构建定制客运运行监测指标体系,监测定制客运市场运行状况,帮助行业主管部门摸清定制客运"家底"和发展水平,为完善定制客运发展政策与标准、规范定制客运经营服务行为,保障运营安全和乘客合法权益,加快推动道路客运行业转型发展提供决策依据。

一、市场发展现状

截至2021年底,全国共有26个省(自治区、直辖市)和新疆生产建设兵团开展了定制客运业务,开展定制客运业务的班线客运经营者771户,开通定制客运线路3966条,定制客运车辆17705辆,定制客运网络平台223个,定制客运线路年度客运量达4487.7万人次。

1. 市场主体

从业户数量来看，2021年定制客运经营者业户数量排名全国前5位的省份分别是四川、广东、江苏、浙江、河南。从地区分布来看，2021年东、中、西部地区开展定制客运业务的班线客运经营者业户占比分别为37.6%、23.3%、39.0%。

2. 客运线路

从线路数量来看，2021年定制客运线路数量排名全国前5位的省份分别为：广东、江苏、四川、浙江、山东，占全国定制客运线路总数的66.3%。2021年东、中、西部地区定制客运线路条数占比为61.4%、13.1%、25.5%。从线路长度来看，2021年定制客运线路中线路长度＜200km的线路占比为68.3%；≥200且＜400km的线路占比为24.4%；≥400且＜800km的线占比为7.1%；＞800km的线路占比为0.2%。可以看出，定制客运线路绝大多数长度在400km以下，占比达92.7%。从线路类型来看，2021年全国定制客运线路中一类班线占比10.6%；二类班线占比54.8%；三类班线占比26.8%；四类班线占比7.8%。可以看出，班线客运经营者依托市际、县际客运班线开展定制客运业务的居多，占比达81.6%。图5-3显示了2021年定制客运线路长度及类型分布。

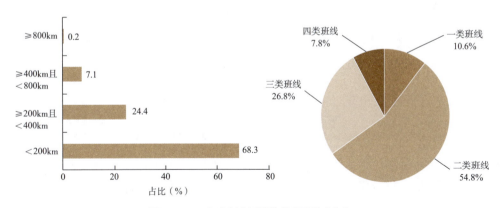

图5-3 2021年定制客运线路长度及类型分布

3. 车辆规模

如图5-4所示，从车辆数量来看，2021年定制客运车辆数量排名全国前5位的省份分别为四川、广东、江苏、山东、河南。2021年东、中、西部地区定制客运车辆

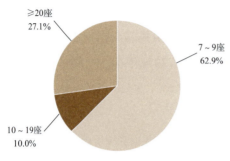

图 5-4　2021年全国定制客运车辆座位数分布

占比分别为45.4%、18.1%、36.5%。从车辆座位数分布看,全国定制客运车辆中7~9座车辆为11137辆,占比62.9%;10~19座车辆为1774辆,占比为10.0%;≥20座的车辆为4804辆,占比为27.1%。可以看出,定制客运车辆中9座以下小型车辆占比最高。

4. 网络平台

从平台数量来看,2021年定制客运网络平台数量排名全国前5位的省份分别是四川、江苏、云南、山东、福建。从运营方式来看,网络平台运营方式由班车客运经营者自营的占比53.8%;由班车客运经营者以外的机构运营的占比为46.2%。从平台服务能力来看,服务定制客运线路数量全国排名前10位的网络平台为巴士管家、巴巴快巴、顶好出行、车盈网、豫州行、湖北楚天云、出行365、达运出行、贵州畅行、天府行。

5. 年度客运量

从客运量来看,2021年定制客运量排名全国前5位的省份分别是四川、江苏、福建、山东、陕西。从地区分布看,东、中、西部地区定制客运线路年度客运量占比分别为39.5%、14.4%、46.1%。

二、运行监测需求

定制客运运行监测是通过对市场信息的采集、整理、研究,发现定制客运发展变化,揭示定制客运市场运行动态及其波动性规律,对定制客运市场的一般运行情况和市场参与主体的发展变化进行监督、测量的一系列活动过程。根据定制客运运营特征及发展现状分析,运行监测的重点应该有以下几个方面。

1. 行业规模

定制客运运行监测是掌握行业基本情况、运行特点、问题,分析、判断未来定制客运运行趋势的基本手段,需要掌握提供定制客运服务的经营者、线路、车辆、驾驶、网络平台等要素投入信息,全面准确把握定制客运行业规模情况,为定制客运经营者和行业管理者提供经营决策和宏观调控决策的依据。

2. 运营效率

运行监测不同于一般的统计工作,运行监测应更加注重对运营效率情况的把握。定制客运运力普遍小型化,较传统班线客运运力结构能更好满足乘客个性化出行需求,通过大数据监测日发班次、上座率、客运量等监测定制客运运营效率指标数据,研判市场运行效率。

3. 运输价格

交通运输部会联合国家发展改革委出台的《关于深化道路运输价格改革的意见》(交运规〔2019〕17号)明确,定制客运实行市场调节价,使得班线客运企业在开展定制客运业务时拥有价格自主权。开展定制客运运行监测,需建立健全价格监测分析预警机制,密切跟踪分析定制客运价格总体水平和价格走势,着重加强春运、节假日等重点时段价格监测,完善价格异常波动应对预案,及时提出调控建议,保持价格水平处于合理区间,增进运价信息的透明度,为企业定价和社会监督服务,为建立合理有效的运价提供正确的原则和比较完备的依据。

4. 服务品质

定制客运是道路客运行业转型升级的重要方向之一,个性化、品质化、便捷化服务是其核心优势,也是其可持续发展的生命力所在。定制客运模式下,旅客通过在线服务渠道提交出行需求,经营者将旅客出行需求与运力资源精准匹配以编制运行计划,旅客作为出行服务的需求者,也是运行计划编制的参与者,对服务品质的要求尤为关注。因此,服务品质应是定制客运运行监测的重点之一。

5. 运营安全

安全是定制客运发展的底线,也是首要特征。定制客运作为一种班线客运运行模式,在安全监管要求上与传统班线客运无差。但是,定制客运网络平台在实际运营过程中参与车辆和驾驶员的调度,在运营过程中容易发现车辆存在超速、驾驶员疲劳驾驶、未按照规定的线路行驶等违法违规行为,平台参与了相应的安全管理。依托网络平台开展运营安全监测,有利于强化定制客运的运营安全管理。

第三节 定制客运运行监测指标体系

一、总体思路

定制客运运行监测体系主要用来反映定制客运运营特征,监测定制客运市场运行状态,揭示定制客运发展规律,为精准改善定制客运服务提供数据支撑。因此,定制客运运行监测指标的选取应充分结合定制客运运营特征,遵循科学性与系统性相结合、结构性与层次性相协调、数据可得性与可操作性相适应等原则。充分考虑指标数据从管理部门及网络平台获取的难易程度以及是否具备长期采集的条件,满足长期监测分析的需求。此外,监测指标的选取应该能够全面、系统、科学、客观地反映定制客运发展的客观情况,监测指标时应具有系统性、可操作性,其中系统性、科学性对定制客运发展评价指标体系的理论探讨具有深远的意义;而客观性、可靠性有利于指标体系在实际监测评价中的推广应用。

二、指标体系

为科学客观监测定制客运运行状况,基于定制客运运营特征及市场运行状况,按照定制客运运行监测指标体系构建原则与思路,结合基于定制客运运行监测重点分析,从市场规模、运营效率、运输价格、服务品质和运行安全等5个方面,分别选取了13类、19个指标,构建了定制客运运行监测指标体系。

1.市场规模指标

基于人、车、线、户、平台等定制客运业务要素,选取10个指标监测定制客运市场规模状况。其中,定制客运经营业户数量是反映行业发展规模的基本指标,是指依托已经取得道路客运班线经营许可开展定制客运业务的班线客运经营者数量,监测班线客运经营主体参与定制客运经营的程度;定制客运线路数量作为反映行业发展规模的重要指标,是指开展定制客运业务的道路客运班线数量;定制客运线路长度分布是指开展定制客运的线路中长度200km以下、200~400km、400~800km、

800km(含)以上的数量占比,以此指标反映定制客运优势运距;定制客运线路类型分布是指开展定制客运的线路中一类班线、二类班线、三类班线、四类班线数量占比,以监测客运班线类型对开展定制客运业务的影响;定制客运车辆数量是指定制客运线路投入的客运车辆数量,也是反映行业发展规模的重要指标监测;定制客运车辆座位数分布是指定制客运车辆中7~9座、10~19座、20座(含)以上的车辆占比,以监测开展定制客运业务车辆小型化趋势。定制客运车辆驾驶员数量是指从事定制客运业务的班车驾驶员数量,作为反映行业从业者规模的重要指标监测。定制客运线路日客运量是指定制客运线路每日运输的旅客数量,以反映定制客运服务能力的数量指标,也是衡量定制客运发展规模的重要指标。网络平台数量是指提供定制客运网络信息服务的电子商务平台数量,也是监测行业规模的重要指标。网络平台运营方式是指主要包括班车客运经营者自营和由班车客运经营者以外的机构运营两种方式。

2. 运营效率指标

定制客运线路日发班次数量是指网络平台接入的定制客运线路每日发送的班次总量;定制客运上座率是指每班次实际运送旅客数量与车辆核定载客人数的比值,以监测定制客运运力利用程度;网络平台接入车辆日活跃度是指定制客运线路每日实际运行车辆与接入网络平台车辆的比值,以监测班车客运经营者投入运力的使用效率。

3. 运输价格指标

基于定制客运实行市场调节价,定价主体是班车经营者。按照"谁经营、谁服务、谁定价"的原则,定制客运线路票价由班车经营者实行自主定价。定制客运订单票价是指班车经营者制定的定制客运线路票价原价;旅客实际支付订单价格是指旅客通过网络平台购买定制客运线路客票实际支付的价格,主要考虑到旅客实际支付订单价格包括定制客运线路票价和平台服务费扣除网络平台促销及线路票价优惠等。

4. 服务品质指标

选取订单投诉率和旅客复购率作为服务品质监测指标。其中,订单投诉率是指网络平台订单中投诉订单的占比,以监测旅客定制客运服务体验;旅客复购率是指两次及以上通过网络平台购买定制客运服务的用户占比,监测旅客对定制客运服务的忠诚度。

5.运营安全指标

旅客运输安全率是指定制客运每班次安全运送的旅客人次与客运总人次的比值,用于监测定制客运安全运营状况;网络平台发现违规行为通报次数是指网络平台在定制客运班次运营过程中每班次发现定制客运车辆存在超速、驾驶员疲劳驾驶、未按规定线路行驶等违法违规行为通报给班车客运经营者的次数,以监测网络平台对于定制客运安全运行管理。表5-1所列为定制客运运行监测指标体系。

定制客运运行监测指标体系　　　　　　　　　　　表5-1

序号	一级指标	二级指标	三级指标
1	市场规模	经营主体	定制客运经营业户数量
2		线路规模	定制客运线路数量
3			定制客运线路长度分布
4			定制客运线路类型分布
5		投入运力	定制客运车辆数量
6			定制客运车辆座位数分布
7		从业人员	定制客运车辆驾驶员数量
8		运量规模	定制客运线路日客运量
9		网络平台	网络平台数量
10			网络平台运营方式
11	运营效率	日发班次	定制客运线路日发班次数量
12		运行效率	定制客运上座率
13		运营车辆	网络平台接入车辆日活跃度
14	运输价格	班线票价	定制客运订单票价
15		支付价格	旅客实际支付订单价格
16	服务品质	旅客满意度	订单投诉率
17			旅客复购率
18	运行安全	旅客安全	旅客安全运输率
19		安全通报	网络平台发现违规行为通报班车经营者次数

三、运行管理

定制客运运行监测指标体系的构建目的是能够科学、准确、完整、系统地反映定制客运市场的运行状况，及时发现市场中存在的问题，为经营者提供对称的市场运营信息，为政府管理部门提供分析市场、管理市场的依据，有效引导定制客运市场的规范有序健康发展。为了使监测体系能够良好地运行，发挥其应有的作用，需要建立健全定制客运运行监测机制，以强化大数据应用、提升行业治理能力现代化水平为主线，明确定制客运运行监测的组织管理、信息报送、数据采集、系统建设重点任务，加强定制客运运行监测有关工作部署，开展定制客运运行大数据监测工作，加快建设覆盖全面、稳定可靠、客观准确的定制客运运行监测系统，通过系统互联接入方式，基于定制客运运行监测指标体系自动采集网络平台相关业务数据。依托采集的定制客运数据，开展市场运行监测分析，为完善道路客运市场供需调控机制，支撑道路客运行业科学决策与管理，促进行业转型升级和高质量发展提供有力保障。

1.建立定制客运运行监测工作机制

基于定制客运运行监测指标体系，建立定制客运网络平台动态监测统计调查制度，明确调查范围、调查对象、调查内容、调查方法、调查频率和时间、组织实施、质量控制等内容。同时加强定制客运运行监测有关工作部署，明确定制客运运行监测的组织管理、信息报送、数据采集、系统建设、技术保障等重点任务，在全国组织开展定制客运运行大数据监测工作。

2.建设定制客运运行监测系统

建设定制客运运行监测系统，采用系统互联接入方式，自动采集定制客运网络平台相关数据，依托该系统开展分类数据自动化采集和大数据分析处理，整合形成定制客运市场数据资源库，有力支撑数据采集、动态监测分析、运行指数编制等工作，实现行业规模、运行效率等监测指标分析成果的系统自动化展示。

3.开展定制客运市场运行监测

依托采集的定制客运数据，结合定制客运运行监测指标体系开展市场运行监测研究，向社会发布《中国定制客运发展年度报告》，公布全国定制客运市场总体状况、发展趋势、运行指数等信息,体现定制客运发展变化情况,及时反映行业发展状况和市场变化,为交通运输主管部门的管理决策和政策制定、客运企业生产经营活动和投资决策提供数据支撑,引导市场资源合理配置,支撑行业发展从传统"经验判断"向"数据决策"转变。

第四节 定制客运运行监测系统架构

为加强对道路客运新业态的服务管理,强化基于网络平台开展的定制客运业务的管理能力,运用大数据等手段提升行业管理科学决策水平,加快推进道路客运高质量发展,亟须做好顶层设计,开展定制客运运行监测工作。

一、建设目标

建设"覆盖全国、数据准确、功能完善"的全国定制客运运行监测系统,利用大数据等信息化手段提高定制客运市场运行监测分析能力,客观准确全面反映定制客运市场运行动态,为交通运输主管部门全面掌握、实时监测全国的定制客运市场规模、运营效率、服务品质、价格等情况,把控定制客运发展方向,完善制定促进行业发展的政策提供数据支持,为全面推进我国道路客运管理的现代化、智慧化,服务交通强国建设提供科技支撑。

二、主要任务

基于建设目标,系统建设的主要任务包括1个运行监测数据库、3个业务应用系统和1个展示发布平台。运行监测数据库采集定制客运网络平台相关数据,构建包括人、车、线、户的定制客运基础数据和运行业务数据的交换共享数据库。业务应用系统围绕定制客运运行监测数据的计算机应用,开发数据采集、统计查询、监测分析等3个应用系统。其中:数据采集系统主要通过接口方式获取网络平台及省级交通运输主管部门的定制客运相关数据,为其他业务应用系统提供数据支撑;统计查询系统基于数据采集系统获取的数据,实现不同区域定制客运相关数据的查询和统计；监测分析系统通过对大量的采集数据进行研究和分析，定期发布定制客运市场规模、运行效率、价值指标、服务品质等运行监测指标情况和定制客运运行指数，通过监测运营指标变化情况揭示定制客运行业运行的规律及趋势。展示发布平台对定制客运运行指数、定制客运市场大数据关联和趋势分析等反映行业态势的信息进行汇聚和可视化展示、发布，并提供行业关键资讯展示查询服务。系统用户主要包括各级交通运输部主管部门和网络平台，各级用户通过互联网访问监测系统。其中，网络平台以接口方式定时自动传输数据至监测系统；对于省级已建有定制客运运行监测系统的，通过接口方式定时自动传输辖区内定制客运相关数据至全国定制客运运行监测系统。

三、功能架构

1. 数据采集

依托定制客运网络平台，系统自动采集行业运行基础数据及相关业务数据。数据内容主要包括：定制客运网络平台基础信息包括网络平台名称、网络内容服务商（Internet Content Provider, ICP）许可证号、法定代表人姓名、联系电话等；定制客运业务要素信息包括网络平台接入的线路、客运车辆及驾驶员基本信息等；定制客运业务运行信息：包括网络平台售检票数据、定制客运线路已成行的班次运行时间、驾驶员、客运车辆、票价、安全管理等数据。

2. 数据交换

为更加准确地把握定制客运行业运行状况，本系统需要与全国道路运政管理系统建立起数据交换共享通道，主要实现包括客运车辆基本信息、驾驶员基本信息、线路基本信息等相关数据的校核，确认网络平台接入或者使用了符合规定的班车客运经营者、车辆和驾驶员。

3. 数据查询统计

系统为行业管理部门提供定制客运基础信息查询、业务信息查询、行业运行情况统计等功能，方便行业管理部门查询本省或指定地区的网络平台、客运企业、从业驾驶员、经营车辆、经营线路以及客运量等信息，为交通运输主管部门了解其辖区内定制客运运行基本情况提供数据。

4. 大数据处理与存储

针对网络平台定时自动传输至监测系统的数据，系统应具备对大数据大数据处理能力，按照既定的算法计算定制客运运行指数，开展多维分析、深度挖掘、海量异构数据处理，以有效支撑指数发布及行业运行分析报告编制等各项工作。此外，由于定制客运运行班次采集和交换的数据项较多，且指数计算将产生大量运算结果数据，因此，本系统具备一定的数据存储功能，并支持对历史数据的调用。

5. 数据集成及可视化

对定制客运运行监测采集的网络平台、定制客运经营者、车辆、驾驶员信息和相关业务经营数据实施有效的集成，为交通运输主管部门行业监管及决策提供可视化的综合展示平台，通过该系统能够全方面了解当前不同区域、不同类型线路上定制客运车辆运行的总体状态等内容。

四、流程设计

1. 网络平台注册

网络平台在定制客运运行监测系统注册，并登记平台名称、法定代表人姓名、联系电话、营业执照、网络内容服务商（ICP）许可证、统一社会信用代码等相关基础信息，由省级交通运输主管部门进行网络平台登记信息核查确认，核查通过后网络平台可开展定制客运数据互联。

2. 系统接口对接

网络平台与定制客运运行监测系统通过接口对接，上传网络平台定制客运业务要素信息，并定期传输定制客运业务明细数据。省级交通运输主管部门可通过定制客运监测系统查询本辖区内定制客运车辆、人员、驾驶员等基础信息，与全国运政信息系统接入的定制客运备案信息进行比对确认，确保使用的定制客运车辆和人员符合规定。

3. 业务数据上传

网络平台以系统对接形式传输定制客运业务明细数据至监测系统。

4.数据统计分析

各级交通运输主管部门可通过定制客运监测系统对网络平台上传的本辖区定制客运监测数据进行统计、汇总和分析,实现辖区内定制客运业务监测,对定制客运运行数据进行统计、汇总及分析。

第六章 包车客运运力投放机制改革策略

近年来,随着我国经济社会和旅游产业的快速发展,人民群众个性化、多样化、高品质包车出行需求不断增长,包车客运市场发展迅速,成为道路客运转型升级发展的一个重要着力点。但是,一直以来我国对包车客运经营实行许可管理,多数省(自治区、直辖市)对包车客运实行年度运力投放计划制度,以政府调配包车运力总量为主。伴随着包车客运的快速发展,出现了运力调控不科学、供给与需求不匹配、配置效率较低等一系列问题,这些问题成了制约包车客运发展的瓶颈。因此,适时调整包车市场运力投放机制,进一步规范包车客运运力投放管理,更好地发挥市场在资源配置中的决定性地位,合理地配置包车客运运力,对促进包车客运市场的健康有序发展至关重要。

第一节 包车运力投放管理现状

一、运力投放机制

按照《中华人民共和国道路运输条例》《道路旅客运输及客运站管理规定》《交通行政许可实施程序规定》,我国对包车客运经营实行行政许可管理制度。从包车运力投放机制来看,大致可以概括为政府调控和市场配置两种模式,与之对应的是运力规模的总量控制和自市场调节两种形式。

政府调控是指政府根据本地区经济发展水平、旅游业发展水平、包车客运市场的供求状况等因素,制订包车客运宏观调控发展规划和年度运力投放计划制度,合理确定和调控包车客运运力投放总量。包车客运企业向交通运输主管部门提交新增运力申请,交通运输主管部门依据制定的本地区包车客运发展规划或年度运力投放计划,综合考虑经济发展水平、旅游业发展水平、包车客运市场的供求状况等因素,对符合条件的包车客运企业新增运力申请作出许可,给予包车运力指标配置。为防止出现包车客运企业低价恶性竞争等现象,保证包车客运市场稳定、有序发展,目前我国多数省(自治区、直辖市)对包车客运运力实行政府调控。为进一步优化道路旅客运输资源的配置,提高道路客运经营者运输安全水平和服务质量水平,近年来浙江、江苏、山东等推行道路客运服务质量招投标制度,新增包车客运运力原则上采取服务质量招投标方式确定经营主体。包车客运运力投放服务质量招标制度在不实行包车客运运力有偿使用或者竞价的前提下,通过公开招标,对投标人的信用等级、经营规模、运力结构和安全保障措施、服务质量承诺、营运方案等因素进行综合评价,择优确定客运经营者的许可方式。

包车运力市场配置是指以市场需求为导向,以竞争为手段,实现优胜劣汰,在符合行业标准和规范的前提下,允许包车客运企业根据当地旅游发展水平和包车客运市场供求状况,自主确定运力投放数量和车型结构配置,减少政府对包车客运市场运力投放的干预。近年来,安徽、贵州、云南等省(自治区、直辖市)积极探索包车运力的市场配置。自2015年起,安徽省对自有中高级客车20辆且客位合计600个以上、过去一年未发生负主要责任或全部责任的死亡3人以上交通事故、质量信誉考核不低于AA级的班线客运企业,申请省、市际包车旅游客运时,对企业投入的包车客运车辆数不再作具体数量要求。贵州省按照"行业政策引导、企业市场主导"的思路,通过改革市场准入,扩大企业自主经营权,对集约化程度高、安全管理水平高的企业,允许其根据市场情况,自行确定运力投入规模。云南省以市场为导向,改革旅游客运运力年度发展计划管理制度。旅游客运企业根据当地旅游发展水平和旅游客运市场供求状况,在符合行业标准和规范的前提下,自主确定运力投放和车型结构配置。

二、面临的主要问题

1.包车客运经营边界不够明确

根据《道路旅客运输及客运站管理规定》,道路客运经营分为班车(加班车)客运、包车客运、旅游客运三类。其中,旅游客运按照营运方式分为定线旅游客运和非定线旅游客运,定线旅游客运按照班车客运管理,非定线旅游客运按照包车客运管理。包车客运与旅游客运概念存在着相互交叉,部分省(自治区、直辖市)如浙江、云南等整合了包车客运和旅游客运的概念,统称为包车客运,在牌照发放、经营许可等方面均采用统一管理模式。但是,包车客运与班车客运、汽车租赁的边界趋于模糊,在经营范围、经营方式和座位数量等方面没有严格明确的规定,相互之间的边界日趋模糊,存在着部分包车客运车辆长期违规从事班线经营,或打擦边球的现象,冲击了正常的道路运输市场。

2.包车运力投放缺乏科学依据

在运力投放上,交通运输主管部门主要依靠经验来进行市场需求预测,普遍缺乏数据支撑。比如,浙江包车客运市场中旅游包车占主要份额,而旅游业主要由旅游主管部门管理,主管包车客运的交通运输主管部门由于与之没有有效的数据沟通机制,导致对游客的基本情况很难了解准确,同时,由于旅游客运的季节性和时段性很强,在"黄金周"等属于旅游高峰期,由于缺乏有效数据,往往导致运力需求远大于运力供给,部分企业盲目投放运力,而在旅游低峰时期运力又出现过剩现象。

3.服务质量招投标制度亟须完善

为体现了公平公正公开和择优确定经营者的原则,目前我国很多省市包车客运新增运力是通过服务质量招投标方式配置的。但是,在招投标过程中也出现了一些问题:一是包车客运运力总量调控和年度发展计划不尽合理,各地交通运输主管部门缺乏对包车客运市场供求状况的监测手段,对定期开展本地区经济发展水平、旅游业发展水平、包车客运市场的供求状况等调查研究关注较少;二是招投标制度不够完善,因评分标准、经营权指标配置不合理等原因的投诉现象时有发生;三是现行制度条件下,有实力的潜在客运经营者很难进入包车客运行业。

4.包车客运存量资源还需优化

包车客运按照其经营区域分为省际包车和省内包车,省内包车客运分为市际包车客运、县际包车客运和县内包车客运。客运企业即使具备省际包车客运资质，其自有包车也不全是省际包车，可能有部分省内包车。当省际包车运力不足时，省内包车不能经营省际包车业务。这就导致了现有车辆利用率不高，包车客运按经营区域划分过细，存量资源未充分利用的现象。

5.优质企业增量供给仍显不足

目前，我国包车客运还不同程度存在经营主体多小散的现象。企业规模偏小，平均车辆数较低，规模化、集约化程度低，科学化管理水平不高。以规模化、集约化、网络化、品牌化等为特点的包车客运龙头骨干企业的引领带动作用明显不足，且有经营主体通过公司分立等方式增多的趋势。

第二节 包车运力投放机制改革总体思路

随着市场化改革的不断深化，包车客运市场供给必须要解决当前包车运力投放过程中存在的与需求不匹配、配置效率较低等突出问题，这就要求交通运输主管部门创新包车运力资源配置方式，大幅减少政府对包车运力资源的直接配置，赋予包车客运企业更多的经营自主权，释放包车客运企业的发展活力和创造力，更好地发挥政府在市场调节、安全和服务监管等方面的作用，加强包车客运市场监管，维护包车客运市场经营秩序，推动实现包车运力资源配置效率和效益提升，更好地满足人民群众个性化、高品质的包车客运出行服务需求。

一、指导思想

坚持以人民为中心的发展思想，以加快推进包车客运供给侧结构性改革为重要抓手，以市场化为导向逐步调整包车运力投放机制，通过转变政府职能、深化简政放权、创新监管方式、完善治理体系，营造公平竞争市场环境，创新包车客运运力准入退出机制，充分发挥市场在资源配置中的决定性作用，赋予包车客运企业更多的经营自主权，释放包车客运企业的发展活力。

二、基本原则

1. 坚持市场主导、政府引导

坚持市场在资源配置中的决定性地位，充分发挥政府的引导与推动作用，扩大包车客运企业经营自主权，有效激发包车客运企业市场活力，实现资源配置效益最大化和效率最优化，更好地满足人民群众日益增长的出行需求。

2. 坚持安全发展，优化服务

坚持以人民为中心，始终把保障人民群众安全出行作为包车客运发展的出发点和落脚点，把是否给人民群众带来了实实在在的获得感作为包车客运发展的评价标准，改进提升包车客运安全和服务水平。把安全生产状况和信用考核情况作为企业退出市场的主要依据，落实企业安全生产主体责任，确保包车客运为人民群众提供安全、舒适、多样、高品质的出行服务。

3. 坚持深化改革，稳步实施

重点围绕包车客运行业长期累积的运力投放问题和新形势发展带来的新要求，以现有包车客运企业和运力资源为依托，扎实推进"简政放权、放管结合、优化服务"，营造公平开放、竞争有序、充满活力的市场环境，稳步推进运力投放机制改革，引导包车客运行业有序、稳定发展。

4. 坚持优化存量，扩大增量

调整包车客运供给结构，打通现有各类包车界限，提高车辆使用效率，优化存量资源配置。积极培育发展大型龙头骨干企业，引导有条件的企业做大做强做优，推进包车客运经营者实行规模化、集约化经营，扩大优质增量供给。

三、管理模式

根据管制经济学理论，在市场经济条件下，国家以管制作为干预经济政策的重要手段。为实现某种公共政策目标，政府需要对微观经济主体进行规范与制约，具体体现为通过管理部门对特定产业和微观经济活动主体的进入、退出、价格、投资及涉及环境安全、生命健康等行为进行监管来实现。政府调控模式作为行业管理部门对包车运力投放管理的最直接、有效的手段,有利于避免行业过度竞争,防止出现企业低价恶性竞争等现象,保证包车客运市场稳定、有序发展。但是,运力规模主要依赖于政府对市场需求的判断,难以真实对市场需求进行快速反应,容易出现供给与需求不匹配、配置效率较低、运力供给不足、影响服务质量等突出问题。鉴于此,为体现公平配置道路旅客运输线路资源,引导包车客运经营者提高运输安全水平和服务质量,目前各省市在包车客运新增运力投放上,推行服务质量招投标制度。但是,服务质量招投标制度是对包车客运企业经营综合能力的评价,未能体现企业对包车业务量的预测,容易出现中标的包车运力指标满足不了企业需求,或者中标的包车运力指标在规定时间内不能投入市场营运的情况。此外,对于中标企业的承诺如何履行、如何监督,以及对违反承诺时如何采取相应的惩处措施,成为服务质量招投标制度下包车客运市场监管的"软肋"。

可见,政府调控和市场配置均有其合理性,但也均存在弊端。对包车客运市场是否实行运力规模管理,以及实行何种方式的管理方式,与经济社会发展水平、道路客运发展阶段和发展环境等密切相关,任何一个条件都不能单独决定政策取向。纵观国外道路客运行业管理的发展历程,与其行业生产特征、行业组织特征与行业管理特征密切相关,数量管制和放松管制历程也是成熟市场经济道路客运行业发展方式的代表,并呈现出明显的阶段性。因此,包车客运市场运力投放的管理方式应具有阶段性。为充分体现政府配置资源的引导作用,使市场在资源配置中起决定性作用,实现政府与市场作用有效结合,包车客运市场运力投放改革方向应是从广度和深度上创新政府配置资源方式,大幅减少政府对资源的直接配置,进一步明确行业准入门槛,建立健全行业退出机制,做到"进入有标准,退出有依据",营造公平便利的市场环境,降低企业成本,维护包车客运市场经营秩序,引导企业合理发展运力,推动实现包车运力资源配置效率和效益提升,促进包车客运行业均衡发展。

四、目标方向

1. 市场主体活力明显增强

减少政府宏观调控对运力资源的直接配置,赋予包车客运企业更多的经营自主权,通过引入市场机制和市场化手段创新包车运力配置方式,释放包车客运企业的发展活力和创造力,提高资源配置的效率和效益,有效满足人民群众个性化、高品质的包车客运出行服务需求。

2. 行业治理能力得以提升

在统筹好政府和市场、近期和远期、安全和服务、传统和创新、改革和稳定的关系同时,稳步推进运力投放机制改革,着力完善监管制度,创新包车客运监管手段,营造公平开放、竞争有序、充满活力的市场环境,不断提升包车客运服务质量、安全生产水平和行业治理能力。

3. 包车客运市场更加规范

不断完善包车客运管理制度,强化部门协同管理机制,更好地发挥政府在市场调节、安全和服务监管等方面的作用,基本形成市场主导、政府引导、供需均衡、结构合理的包车运力投放机制,包车客运有效供给能力显著增强,加强包车客运市场监管,行业治理能力明显提升,包车客运市场更加规范,服务质量显著提升,进一步规范企业经营管理行为,落实企业安全生产主体责任,逐步形成依法经营、诚信经营、优质服务的市场格局,实现与经济社会发展相适应、道路客运发展水平相协调,为经济社会发展和人民群众更好更优出行提供有力保障,切实提升人民群众包车出行的获得感。

第三节　运力投放机制改革实施路径

包车客运市场发展既要充分满足经济发展、旅游发展和人民群众出行的需要,又要防止结构失衡、运力过剩、恶性竞争等现象。考虑到道路客运行业发展的稳定性,包车市场运力投放机制改革实施应在守住行业安全和稳定底线的前提下,按照"先规范市场、后有序放开""分步实施、稳步推进"的工作原则,分两个阶段进行。第一阶段在包车运力总量仍实行政府宏观调控下,进一步完善运力投放管理制度;第二阶段改革包车运力年度发展计划管理制度,实施包车运力投放的市场化改革。通过转变政府职能、深化简政放权、创新监管方式、完善治理体系,营造公平竞争市场环境,实现公平竞争、有序发展,规范包车客运市场运力投放管理,释放包车客运企业的发展活力,全面提升包车客运发展质量和服务效能。

一、进一步完善运力投放管理制度

在包车运力指标总量仍实行政府调控下,进一步完善包车客运运营监管、诚信考核等方面的管理制度,更好地规范包车客运经营活动,促进集约化、规范化和诚信经营,维护道路客运市场秩序,保障道路客运安全。

1. 科学有序发展包车客运运力

交通运输主管部门要加强与旅游主管部门的合作,定期开展包车客运市场和旅游行业的调研,及时准确把握包车客运市场的运力需求。同时,应加强对包车客运市场供求状况的监测,定期开展包车客运车辆工作日等相关指标数据的统计分析工作,以数据为支撑科学测算包车运力投放规模,合理制定年度包车运力发展计划。同时,包车运力投放应当遵循供给规模与市场需求状况相适应,确保有效满足人民群众的出行需求。

2. 完善服务质量招投标制度

包车客运新增运力经营主体的确定,应通过服务质量招投标的方式实施。进一步细化招投标程序、投标人资格和评分标准。关于投标人资格要求,必须具有独立法人资格和有效法人执照;已取得交通运输主管部门核发的《中华人民共和国道路运输经营许可证》,具有相应级别包车客运经营范围;上一年度未发生重大及以上交通安全责任事故、重大服务质量事件、重大群体性事件以及未被列入省级和市级重点安全监管企业名单或者被列入已撤销。关于评分标准设定,应当包括企业上两年度信用等级、经营规模、运力结构、安全保障措施、车辆场站设施、营运方案、经营方式、服务承诺、服务质量保障措施等内容。

3. 优化存量包车客运资源

为提高车辆使用效率,打通各类包车界限,包车客运按照其经营区域分为省际包车客运和省内包车客运,省内包车客运不再细分为市际、县际和县内包车客运,原市际、县际、县内包车统一整合为省内包车。

4. 扩大优质企业增量供给

为鼓励包车客运经营者实行规模化、集约化经营，引导企业兼并重组，促进有效竞争，可对达到相应规模和要求的企业，每年奖励一定新增包车运力指标。

5. 健全包车客运市场退出机制

把安全生产状况和信用考核情况作为企业退出市场的主要依据，建立健全包车客运市场退出机制。

6. 加强包车客运综合监管

加强对旅游包车的综合监管，进一步完善监管项目和规则，扩大监管范围，并将监管处理结果与信用考核、运力投放等挂钩。

二、推进包车运力投放市场化改革

包车市场运力投放机制改革的第二阶段，以市场为导向进行审批制度改革，改革包车客运运力年度发展计划管理制度，取消原有的包车运力指标限制，包车运力调节方式将由指标调节改为市场调节。交通运输主管部门应建立健全事中事后监管机制，创新行业管理手段，营造公平便利的市场环境，充分调动市场主体积极性，激发市场活力，形成包车客运发展的持续内生动力。

1. 强化企业安全前置审核

对包车客运企业开业、增加经营范围、新增包车运力以及包车到期延续经营均进行安全生产状况前置审核。明确企业应具备健全的安全生产管理制度，对于安全审核通不过的企业，不予受理其新增运力申请。

2. 明确行业准入门槛

凡符合规定的包车客运经营条件的法人企业，只要满足相关的人员条件、场地条件、车辆条件、安全生产条件、运营管理条件等准入要求，都可以提出新增运力申请。包车运力投放以市场为导向，将供给交给市场调节，经营盈亏由企业自负，自行承担经营风险。

3. 明确运力准入流程

包车客运企业根据本地区旅游发展水平和旅游客运市场的供求状况，自主作出投资决策,在符合行业标准和规范的前提下,每年向交通运输主管部门提交一次新增运力申请,新增运力数量不设上限,自主确定运力投放数量和车型结构配置。

4. 强化市场退出机制

交通运输主管部门加强包车客运的日常监管与社会监督,将包车客运企业质量信誉考核、安全生产状况、服务质量考核结果等作为企业退出市场的重要依据。

5. 加强对包车运力供求状况监测

交通运输主管部门进一步加强对包车客运运营趟次、运营天数、旅游包车平均利用率和平均年工作车日等指标统计分析,适时开展包车客运市场运力投放评估工作,并于每年初向社会公布上年度旅游市场现状、旅游包车运行情况、成本分析、利润测算和预警分析等评估结果,便于包车客运企业准确掌握旅游客运市场运行动态,为企业科学投放运力提供参考依据。同时,根据评估结果适时调整包车客运运力准入标准,在不控制总量的前提下,探索形成包车市场运力动态投入机制,更好地适应包车客运市场需求。

第七章 互联网大数据背景下道路客运运营管理创新

互联网和大数据时代的到来为各行各业带来了颠覆性的变革,各领域通过互联网技术的应用与传统行业进行深度融合,在创新服务方式、满足公众需求以及促进传统行业提升效率和整个社会发展进步的同时,也对政府创新监管理念、改革监管方式提出了新的挑战。客运服务亦是如此,在移动互联网技术的推动下,新的客运服务模式相继出现,个性化、多样化需求不断得到满足。依托移动互联网技术,网络专车、顺风车、拼车、定制公交等业务发展如火如荼,这种发展态势已迅速蔓延到道路客运领域。互联网技术不仅为适应社会公众消费升级、满足个性化、多样性消费需求提供了新引擎,也为优化客运服务、改善出行体验以及加快推进道路客运行业转型升级注入了新动能,亟待需要借助大数据技术应用与发展,探索政府部门创新监管模式,提升治理能力和治理水平的新路径。基于此,开展互联网和大数据对道路客运运营管理创新研究,分析"互联网+"对道路客运形态以及行业管理带来的深刻影响,依托大数据技术提出重构"互联网+"和大数据技术的道路客运行业管理体系、推进符合"互联网+"和大数据背景下道路客运创新管理的政策建议,对于新时代背景下推动道路客运行业转型升级、提升道路运输治理能力和治理现代化水平、破解道路客运服务的不平衡不充分发展具有重要意义。

第一节 互联网和大数据影响道路客运的理论认知

一、互联网和大数据影响生产生活的机理

互联网和大数据是基于物联网、云计算、大数据、移动互联网条件下的新一轮

信息化,通过把互联网和各个传统行业结合起来,在传统领域创造出新的形态,是互联网发展的新方向、新趋势和新理念。互联网和大数据代表着一种新的经济形态,即充分发挥互联网在生产要素配置中的优化和集成作用,将互联网的创新成果深度融合于经济社会的各个领域之中,提高实体经济的创新力和生产力,形成更广泛的以互联网为基础设施和创新要素的经济社会发展新形态。

1. 对生产模式的影响原理

一是改变了企业的治理模式。在传统生产方式下,企业与用户之间存在清晰的界限,企业是生产者,用户是消费者。但信息技术的发展使企业与用户的界限日趋模糊,用户从单纯的消费者越来越多地参与到企业的生产活动中,即由消费者变为产销者。消费者不仅通过企业的用户调查、意见反馈影响企业生产,而且可直接通过众包等方式参与企业的产品开发过程。在互联网以及大数据等信息技术推动下,消费者获得强大的研发和生产工具,因此,潜在创业者和发明家不再仰仗大公司实现自己的梦想,他们可选择利用3D打印等功能强大的数字桌面制造工具,自己动手完成产品制造,"创客运动"蓬勃兴起。"创客运动"具有三个变革性特点:人们使用数字桌面工具设计新产品并制作模型样品即"数字DIY",在开源社区中分享设计成果、开展合作已成为一种文化规范,任何人都可通过设计文件标准将设计传给商业制造服务商,并以任何数量规模制造所设计的产品。更进一步,分散的消费者还能通过自组织方式,协作进行复杂产品、系统产品的生产活动,打破科层生产方式,如维基百科、Linux操作系统等都是社会化生产的成果。

二是改变了企业制造方式。互联网技术对制造业生产方式的影响最为深刻。《经济学人》杂志根据技术和生产方式的变化认为,近代历史发生了三次产业革命:在开始于18世纪晚期英国纺织工业的第一次产业革命中,机械化使纺织工厂替代了家庭作坊,随后机器生产取代手工制作蔓延至整个世界,第二次产业革命始于20世纪早期的美国,福特的流水线生产方式开启了大规模生产时代;目前方兴未艾的则是第三次产业革命,其标志是数字化制造、机器人、人工智能与新型材料技术的成熟和应用。无论是德国的"工业4.0"还是美国的工业互联网,都是要建立一个物理信息系统,将人、机器、资源和产品有机联系起来。由于从入厂到生产、销售、出厂物流和服务的整个过程实现数字化和基于信息通信技术的端到端集成,智能工厂一方面能实现高度的柔性化,根据市场需求灵活安排生产;另一方面,智能工厂能及时响应客户需求,以具有竞争力的成本实现大规模定制,甚至生产个性化定制的产品也能获利。

2.对产业形态的影响原理

在互联网信息技术以及大数据广泛应用的推动下,产业业态不断创新,产生了许多新形式,其突出特征是产业的跨界融合和制造业的服务化趋势。

一是推动跨界融合。随着技术的变革与市场需求的变化,产业边界趋于模糊,产业融合成为经济发展中的重要现象。产业融合既包括产业间融合,也包括产业内部各子产业间的融合。当前,我国产业的跨界融合表现为五大趋势:服务业与制造业融合、金融投资与实业投资融合、以互联网为纽带的产业跨界融合、技术革命引领行业融合、新的市场需求推动产业跨界。发展最快、影响最深入的则是随着互联网的广泛应用而出现的互联网产业与其他产业的融合。在前"互联网+"时代,产业融合的速度慢、程度低、范围有限,产业融合也主要发生在信息产业内部,而互联网的发展为产业融合发展提供了无限可能,新的产业业态不断涌现。互联网与工业融合产生工业互联网、互联网与能源融合产生能源互联网、互联网与金融业融合产生互联网金融、互联网与汽车产业融合产生车联网、自动驾驶汽车、互联网与家具产业结合产生智能家居等。

二是推进制造业的服务化。随着工业产品科技含量提高和技术升级加快,产品结构越来越复杂,零部件越来越多,安装要求越来越精密,使产品的设计、生产、销售、流通、交付、安装、培训、维护、回收等价值链环节的服务难度提高,对专业化服务的需求越来越强烈,从而推动制造业服务性活动规模的扩大和生产性制造业向服务型制造业的发展演变。当今社会,制造业的价值分布从制造环节向服务环节转移,研发、设计、品牌管理、综合解决方案提供等活动从制造企业独立出来,成为专业化的生产性服务企业。过去由于缺乏信息技术的支持,制造企业提供增值服务的成本很高甚至根本无法承担,而信息技术的发展使制造业的多元服务化转型成为可能。如,作为飞机发动机的主要供应商,美国通用电气公司早期提供的服务是被动式维修,或根据零部件损耗的经验对机器进行定期维护,但在移动互联网和数据分析的驱动下,公司能实时监测发动机工况,并就其运行结果而非功能与客户签订合同。

3.对商业模式的影响原理

信息技术的发展及其与其他产业的渗透融合产生出一些不同以往的新商业模式,从而改变传统产业的企业竞争模式和竞争格局。

一是重建商业生态。商业生态系统同生物生态系统一样,是由众多实体组成的大型、松散连接的网络,企业以一种复杂的方式彼此相互作用,每一个企业的健康与绩效水平都取决于网络整体的健康与绩效状况。互联网本身就具有网络效应特征,即用户获得产品的价值不仅依赖于产品本身,而且依赖于使用该产品的用户数量及互补品的丰富程度,而互补品的数量又取决于生产互补品的企业多寡。互联网连接一切、大数据技术的基本特征进一步要求企业与其客户、供应商、分销商建立紧密联系。因此,互联网背景下企业的成败取决于其商业生态系统的完善程度和整体水平。作为商业系统中的核心企业,需要承担起领导生态系统建设的重任,其中一种重要方式就是建立平台,从而商业生态系统的竞争也就成为平台之间的竞争,如智能手机主要在以苹果为主导的IOS平台、谷歌主导的安卓平台和微软主导的Windows phone平台之间竞争。

二是促进共享经济发展。对共享经济这种把需求端和供给端有效整合、让社会资源得到高效利用的经济形式的研究,最早出现在1978年的《美国行为科学家》一书中,当时被称为"合作式消费"。互联网技术高度发展和普及之前,实现分享的成本很高,所以共享经济一直没有获得充分发展。直到互联网特别是移动互联网高度发展后,共享经济才成为一种普遍的商业模式。共享经济具有可快速扩大规模、灵活性高、资本效率高、供方的进入门槛低等优势。

三是"免费"成为一种新的商业模式。互联网造就了一种许多实物的生产和销售的边际生产成本接近于零的社会。边际成本接近于零产生的原因包括:第一,产业本身的特征——数字产品生产出来后,其复制成本接近于零;风能、太阳能发电设备投资完成后,发电成本也接近于零。第二,技术的进步使产品、服务的生产、提供成本不断降低,如互联网带宽的增加、传输速度的提高和接入费用的降低,使利用网络资源的成本可忽略不计。第三,广大消费者利用"认知盈余"进行社会化生产并进行免费分享。在互联网时代,免费成为一种被广泛采用的商业模式。免费在经济学上被称为"交叉补贴",包括用付费产品补贴免费产品、用日后付费补贴当前付费、付费人群补贴不付费人群等。

四是产品快速迭代。信息技术、3D打印、智能制造极大地提高了企业对用户需求的响应速度,并能快速对产品进行改进,及时将产品发送给用户。对于互联网产品和服务,可低成本对代码进行修改并在云端进行更新,用户也可低成本下载。对于实物产品开发,利用计算机设计系统、3D打印机可更快地进行产品的重新设计,重构生产系统,快速调整以适应新产品的生产。由于产品改进、重新生产及分发成本大幅降低,企业不再等待重大改进后再发布产品,而是基于研发的改进和市场反馈不断进行微创新和快速迭代。虽然每一代产品的改变不大,但大量的微创新积累起来就会形成重大创新,而且产品迭代速度已成为互联网时代企业吸引用户、提高用户满意度的重要手段。

五是打通线上线下。在商业互联网时期,线上与线下是严重分离的。一方面,互联网企业只从事轻资产的在线业务;另一方面,企业内部在线业务与传统的生产、分销活动也是分离的,互联网主要用作企业展示、传播的工具,而不是盈利手段。在产业互联网阶段,线上线下被打通并实现完美衔接。①传统互联网企业主动与传统实体企业实现对接。②传统实体企业向线上延伸,从而涌现出一批线上线下一体化企业,线上到线下(Online to offline,O2O)成为重要的商业模式。O2O的核心是通过互联网把实体店铺的商品信息准确传达给消费者,把线上客户引入实体店铺,并通过实体店铺向用户提供商品或服务,并在此过程中将用户消费数据传递给商家。O2O模式将信息流、资金流放在线上,而把物流和商流放在线下,最大限度发挥线上和线下优势,加大商户参与和用户体验。

二、道路客运的经济学理论分析

1.需求角度

旅客对道路客运的需求通俗点讲,体现在"功能、舒适、方便、图便宜"等方面,以下对应从功能、品质、获得性和价格等四个维度展开分析。

一是从功能上看,最简单的是功能方面的诉求。从需求角度出发的道路客运服务产品分析首先强调其完整性。完整运输产品从最基本的意义上讲,就是指客户所需要的从起始地到最终目的地的全过程位移服务。运输产品从本质上讲应该是完整的,因为旅客不运目的地,位移服务就没有真正完成,运输的原本目的就没有达到。不完整运输产品或者运输过程分割超过合理限度,就会大大增加后者所承担的各种价格或非价格运输成本,这其实就是我们所经常提及的实现客运的"零换乘"和"无缝衔接"。展望一下,运输服务市场有供给方能根据用户的需求,以可以接受的价格提供从起始地到最终目的地的完整运输服务,那么无疑消费者会倾向于选择这个供给者,这同时也验证了大力推进货物多式联运和客运联程运输的必要性和必然性。虽然交通运输大部门体制改革已经迈进了一大步,但多种运输方式的协同,尤其是与铁路协调仍然在发展中有制度和体制上的障碍。但从市场需求发展的趋势来看,运输服务业将超越单一运输方式自我发展的阶段,运输方式或运输企业之间的联运、合作、相容、共赢变得越来越重要,通过相互衔接与协作形成一体化链条已经成为趋势。从这个角度来看,运输服务的发展过程实际上就是向客户提供越来越完整和质量更优的运输服务的过程。

二是从需求层次看,追求更高层次的需求或外延的需求。这个对旅客而言更多是舒适方面的需求,体现在追求品质、品牌、情感方面的诉求,这主要体现在心理上、文化方面和感受本身的需求。道路客运服务产品的需求跟其他需求一样是有明显层次性。根据马斯洛的需求层次理论,人类需求从低到高按层次分为五种,分别是生理需求、安全需求、社交需求、尊重需求和自我实现需求。以运输服务产品来看,用户对于运输服务的最基本需求或者说最本质的需求就是乘客位移服务,这也是运输服务产品的核心功能。但运输服务需求与其他需求一样都在经历显著变化,社会经济对运输服务质量的要求也在不断提高,不仅在于乘客位移核心功能相关的安全、生理需要、便捷、可靠、经济和完整性等基本特性方面的要求越来越严格,还作为必然拓展增加了对以位移为载体的更多附加服务功能的需要。此时,运输产品完整性的概念也已经逐渐扩展到包括更高的舒适性、一站式等诸多附加项目的综合性服务链条,成为高效率出行链的核心内容。图7-1为运输服务产品需求结构层次分析图。

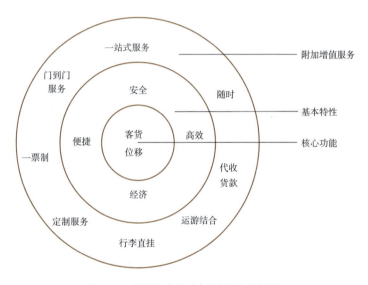

图7-1 运输服务产品需求结构层次分析图

三是从获得性看,追求即时性获得运输服务。完整运输产品终极目标应该是实时制(Just-in-Time,JIT)运输服务的实现。人类对交通运输的需要或依赖并不仅仅在于单纯的客货位移,深层要求应该是交通运输提供相应条件,以便使人们能够"在需要的时间和需要的地点进行所需要数量的活动"。回顾交通运输发展的历程,过去很长一段时间交通运输都无法支持按照实时方式组织大规模社会生产,而交通基础设施的完善、交通运输工具的进步一直在帮助人类逐渐改善这种能力。尤其是在互联网,特别是移动互联网时代来临后,将会根本性改变这种需求供应形式。借助现代信息通信技术,将全面提升网络化运营的实时响应服务能力及可靠性。因此,运输服务业的发展实际上在不断满足和提升社会经济效率的过程,类似一站式出行服务等理念相继大面积发展,公众对于个性化、定制化及"一站式"统筹共享服务的多元化模式需求将明显增加。

四是从成本性看,追求价格最优的需求。这是一个非常重要的诉求,就是所有的用户都希望买到性价比高的产品,期望同等质量、价格最优。对于运输服务产品需求而言也是如此。作为运输服务的供给者必须通过四个层面去关注用户需求、不断满足用户需求,才能不断地扩大市场空间,企业才得以发展和生存。

2.供给角度

过去运输经济学的理论框架中缺少对交通运输资源的深入分析,包括我们现在探讨互联网,特别是移动互联网甚至5G时代下运输服务发展时,但实际上交通资源与运输经济学以及互联网时代下的重要主题都有着密切关系,核心就是:要尽可能用较少的社会资源包括交通资源尽可能高效率地实现必要的位移目标。当然,不同运输活动及不同运输行业或企业所依赖和使用的资源类别是有差异的,因此还要根据具体研究对象,如铁路、公路、水运、航空、城市交通(含轨道交通)等不同的类别,进一步划分相关交通运输资源的类别及配置条件。

任何社会资源都是有限的,当一项资源用作某种用途以后,就减小了其在其他地方使用的机会,因此经济学特别关注资源被使用而产生的社会付出,即机会成本。无论是运输系统内部的资源部,还是有可能形成专属交通资源的外部资源,都是短缺的,要尽可能用较少的交通资源完成社会经济所需要的运输位移。

三、互联网大数据与道路客运互动机理

从供给需求端来看,线下道路客运企业借助互联网平台整合挖掘线上用户需求,形成了"地网"+"天网"的实时结合互动。互联网平台通过充分挖掘组合线上用户需求,快速组合线下运输资源,优化了资源配置,解决了传统道路客运运输服务市场中存在的信息不对称、市场主体小散弱的问题,在满足用户群体基本功能的运输服务需求时,还能提供增值业务服务,从而形成行业的外部经济,实现长远发展。

从政府行业管理看,互联网及大数据背景下的道路客运管理构建了"互联网+"市场监管和运输服务,形成了"云监管",为交通运输主管部门实现智能化交通管控

提供了信息平台,提高了政府在运输管理政策制定的科学性;互联网技术的引入重构了政府、行业、公众之间的相互作用关系,使政府与市场之间建立了更加密切的合作关系,政府既是市场的监管者又是服务者;同时,互联网通过评价体系和征信系统将居民的意愿及时反馈给政府和行业,为改进政府管理和提升行业服务提供参考,从而促进运输服务体系的完善。

从互联网平台自身看,互联网产业融合道路客运服务行业拓宽发展领域。互联网产业的迅速兴起使其在各行各业得到广泛应用,在互联网、大数据、云计算等科技不断发展的背景下,得以对市场、用户、产品、企业价值链乃至整个商业生态进行重新审视。然而,信息产品的本质是虚拟的,需要借助特定的行业实现互联网产业的发展。互联网与道路客运行业的融合就是将互联网思维植入运输行业的管理、居民出行等各个方面,使整个旅客运输行业的发展趋于便捷化和智能化。同时,也拓宽了互联网产业的发展领域,丰富了互联网的产业形态,扩展了产业链组织的末端延伸,借助互联网范围经济、非排他性使用的特点,带动与互联网相关产业的发展,形成相互影响、相互带动的发展机制。

因此,互联网和大数据对道路客运的影响,从需求端、供给端、企业运营端以及政府管理几个角度来看,主要表现在:

从需求端来看,首先没有改变的是旅客对道路客运服务的核心功能需求,改变的是激发了用户深层次需求,使得消费者的个性化、差异化、实时化(说走就走的旅行)、一体化出行需求得以充分挖掘。用户新需求的出现是由于互联网作为基础设施,挖掘了巨大的消费需求。新技术尤其是计算技术、数据技术、移动技术的发展,不断地拓展着运输服务供给的边界。在公众需求不断增长的过程中,它在倒逼运输产业升级。其次是旅客新的消费观念形成——"闲置就是浪费、使用但不购买"。随着分享理念的深入人心,越来越多的人开始习惯"轻资产"的生活方式,越来越多的消费者开始选择"只租不买、按需付费"的方式。

从供给端来看,改变的是原来相对静止、不太灵活(交通设施、定班定线)的供给体系逐步在互联网和大数据背景下被逐渐打破,甚至被重塑,以满足旅客的多样化层次需求。例如,分享经济改变了传统产业模式下的大规模生产产能过剩、排浪式消费的状况,形成了一种全新的社会供给模式,以及物尽其用的可持续的消费观念。

从企业运营看,传统的运输企业要从关注线下车辆、人员组织转变到关注"线上与线下"融合互动;互联网企业充分利用自身优势,拓展产业链,延伸到运输服务领域,通过平台运营形式组织线下资源,而对于线下资源有的是从增量入手,有的是从存量入手。

从政府管理看,自身"互联网+"政务要求越来越高,互联网+市场监管应运而生,一方面在工作流程上,要上网、上云端;另一方面,平台型企业出现后,如何落实平台型企业主体作用,更好发挥政府监管效能,提出了新的命题与挑战。

第二节　互联网和大数据对道路客运运营模式影响

一、道路客运运营的传统模式

1. 业务类型

依据《中华人民共和国道路运输条例》和《道路旅客运输及客运站管理规定》,总体上我国道路客运的运营模式是班车客运和包车客运两种。从道路客运的整体运营要求来看,首先是基于是否需要申请线路,将运营模式区分为班车客运和包车客运;其次,无论是班车客运还是包车客运,都需要确定一个道路客运经营主体,经营主体必须具备健全的安全生产管理制度,对主体经营过程中的运输安全进行有效管理;再次,经营主体还需具备符合资质、条件和标准的运输要素,即车和人,从目前规定的要求和解释上看,车和人都必须经营主体自有,同时车必须是营运车辆,驾驶人员依据《道路运输从业人员管理规定》必须取得从业资格。由此可见,道路客运的运营要素主要包括三部分内容:运输要素端、经营主体端和业务类型端。运输要素端要求以取得所有权的方式自有符合技术标准的营业车辆,同时要求以签订劳动合同为特征,表明自有取得从业资格的驾驶人员;经营主体端要求经营主体通过健全的安全生产管理制度,对运输要素进行管理,对运输过程中的安全承担安全生产责任;业务类型端是区分班车客运和保存客运运营模式的关键,对于班车客运模式,经营主体须依法取得运营线路,然后按照固定的线路、时间、站点、班次运行。道路客运经营业务类型如图7-2所示。

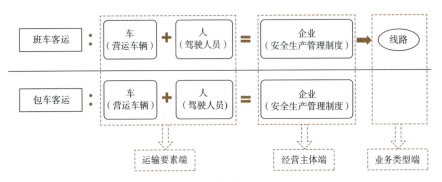

图7-2 道路客运经营业务类型

对比班车客运和包车客运的运营模式,两者的主要差别除了在业务类型端是否需要申请线路外,其本质的差异在于运输服务协议达成的动因导向不同(图7-3)。班车客运由于经营主体必须根据所申请的线路,按照固定的线路、时间、站点、班次运行,所以是运输供给导向,旅客根据供给情况作出选择,然后形成运输需求,再达成运输协议;包车客运则是运输需求导向,根据旅客的实际运输需求,与运输企业协商约定出发点、目的地和运输线路,从而形成运输供给,达成运输协议。

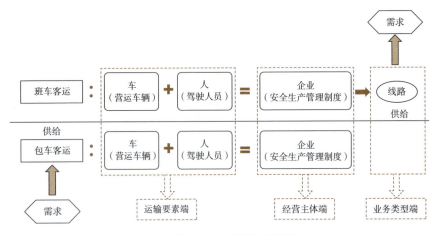

图7-3 道路客运经营供给需求差异

2. 运营环节

由于班车客运和包车客运在运输动因导向上的差异，两种运营模式在运营环节和运营环节中的核心环节都存在差异。班车客运的主要运营环节包括班线信息发布与查询、客票销售与购买、运力调配与进站、实名制与安全检查和开展运输行为；而包车客运主要运营环节包括运输客源需求组织、联系运输企业达成运输协议和开展运输行为。基于供给与需求的差异，两种运输模式中的核心环节并不相同，班车客运以运输供给为导向，因此运输服务的起始和关键在于运输班线信息的发布与查询，只有作为运输需求方的旅客能够掌握运输班线的相关信息，运输服务协议才可能有效达成；而包车客运以运输需求为导向，因此运输服务的起始和关键则是集合运输需求、组织运输客源，由此形成具有共同运输需求的团体，以团体意志与实际运输企业就出发点、目的地和运输线路达成协议。道路客运经营核心环节如图7-4所示。

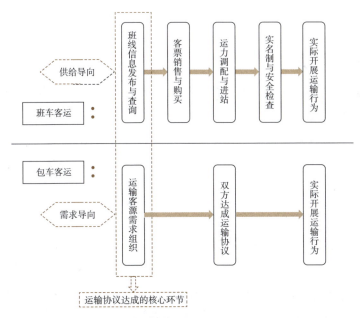

图7-4 道路客运运营核心环节

3. 参与主体

在传统的运营模式下，无论是班车客运还是包车客运，除了作为运输需求方的旅客和作为运输供给方的经营主体之外,在运输协议的达成过程中,还存在一些中间主体,其中最主要的是班车客运中的客运场站和包车客运中的旅行社。此外,还可以发现上述的班车客运和包车客运的核心环节,实际上都是由这些中间主体完成的,班车客运中,传统模式下的班线信息发布与查询是在客运场站中完成,包车客运中的运输客源需求组织实际上也是由旅行社完成的。由此可见,在传统的运营模式下,运输服务中的中间主体对运输协议的达成起到了至关重要的作用。

关于客运场站的运输组织功能,根据《道路旅客运输及客运站管理规定》有关其经营管理的规定,根据其管理职能与责任的来源差异,主要可以区分为五种类型:一是对于场所设施的管理,管理职责的来源是其基于场所管理人身份而产生的义务;二是班线信息的发布与售票,该组织功能的来源是基于其与进站发车的客运经营者自愿达成的相关服务合同;三是有关运力的组织调度,其来源部分是基于与客运经营者达成的服务合同,部分是基于行业主管部门行政委托,代为履行相关职能;四是安全检查和应急预案等安全管理,其来源既是其作为场所管理者的义务,也是代为履行行政机关的安全保障职责;五是禁止无证经营的车辆进站从事经营活动,属于受行业主管部门委托,代为履行行政管理职能。客运场站在参与班车客运的运营过程中,虽然发挥了重要的组织功能,但并未成为运输需求和供给的任何一方。与此不同,在包车客运中,旅行社的参与改变了运输服务中的需求方。虽然实际运输的旅客是服务的需求方,但由于旅行社的客源组织功能,以及《道路旅客运输及客运站管理规定》监管要求,旅行社成为了签订包车运输协议的运输需求方。

4.法律关系与法律责任

结合道路客运行业具体的业务形态,在班车客运中,旅客和班车客运经营者之间基于旅客运输行为成立客运合同关系。同时客运场站基于其班线信息发布、销售客票和运力调配等组织功能,构成代理人身份,代理客运经营者实施运输相关的一些业务内容,此时客运场站与客运经营者之间是委托合同关系,同时基于该委托合同关系,客运场站以代理人身份在委托合同授权的代理权限范围内,代理客运经营者实施相关业务内容,客运经营者是被代理人,客运场站是代理人,旅客是相对人。客运场站以客运经营者名义实施的代理行为直接对其产生法律效果,即基于客运场站的班线信息发布、销售客票和运力调配等业务,直接导致了客运经营者和旅客之间客运合同的成立。而在包车客运中,旅行社等包车客源的组织者并不像客运场站一样仅仅是旅客运输行为的一方代理人,由于旅行社的组客行为导致其成为与客运经营者签订客运合同的一方当事人,因此在包车客运合同中如旅行社等组织客源并形成团体旅客群体,与客运经营者之间签订了形式上的包车客运合同,而实际被运输的旅客个体与包车客运经营者之间又成立了事实上的客运合同关系。

承运人应当对运输过程中旅客的伤亡承担损害赔偿责任,但伤亡是旅客自身健康原因造成的或者承运人证明伤亡是旅客故意、重大过失造成的除外。对于旅客的行李物品所遭受的损失要区分自带行李和托运行李的不同情形,如果是自带行李的财产损失,承运人有过错的,应当承担损害赔偿责任。

二、互联网和大数据背景下的道路客运新模式

随着互联网技术和大数据分析能力等的快速发展,信息传递的方式发生了重大改变,通过移动互联网等信息技术手段,道路客运中的运输供给和需求等信息能够得到更加快速的传递,运输市场中的信息不对称等问题也得到了不同程度的解决。为了适应互联网和大数据发展对道路客运行业的发展,传统的道路客运经营主体也不断提升信息化的能力和水平。

1. 新模式的产生途径

传统道路客运经营主体利用信息化手段为旅客提供便利化的出行服务,主要通过以下三种途径:

第一种途径是以传统道路客运经营企业为主导,通过自建网站或者联合组建互联网平台企业的方式,依托互联网平台通过信息化的技术手段向旅客提供运输信息服务或者与运输相关的其他服务。比如车巴达(苏州)网络科技有限公司("巴士管家")、浙江恒生长运网络科技有限公司("巴巴快巴")等都属于这种途径下产生的道路客运平台企业,这些平台企业与传统道路客运企业联系密切,具有融合发

展程度高、参与客运业务领域广等特点。

第二种途径是传统道路客运经营企业与专业化的互联网科技企业开展合作，由互联网科技企业提供全套互联网技术解决方案和运营支持，以帮助传统道路客运经营企业实现信息化的相关线上运输服务功能。盛威时代集团科技有限公司（"Bus365中国公路客票网"）、中交出行科技有限公司等与传统道路客运企业的合作都属于这种途径，这种合作途径下道路客运企业和互联网科技企业的职能区分比较明显，互联网科技企业主要是提供线上服务的技术方案和运营支持，对客运经营中运输组织等环节参与较少。

第三种途径是以互联网平台企业为主导，依托互联网平台的信息和技术优势，完成运输需求匹配、旅客客源组织等业务，再通过与传统道路客运经营企业合作的方式，完成旅客运输服务。滴滴出行、携程旅行网等所提供的相关道路客运服务都主要采取这种合作途径，这种途径下，互联网平台企业参与道路客运相关运输组织环节的程度比较深，对传统道路客运企业的经营自主性影响比较大，道路客运企业在失去经营自主权的情况下，往往可能仅仅成为平台企业的"线下车队"。

2.新模式的业务领域

在互联网和大数据快速发展并深刻影响道路客运的背景下，以上三种途径下的平台企业在不同程度地参与传统客运业务的运营环节，或者说是平台发展的不同阶段，同时在互联网平台参与道路客运的创新发展和转型升级中，传统的班车客运和包车客运的业务形态划分也受到影响。此外，从平台企业参与客运经营的实际情况看，由于当前《中华人民共和国道路运输条例》《道路旅客运输及客运站管理规定》等对实际开展道路客运运输行为的限制，平台企业尚未实际从事旅客运输，其参与的主要环节集中于传统运营模式下，客运场站、旅行社等中间服务主体所开展的班线信息发布、客票销售、包车客源组织等内容。

（1）参与班车客运经营的新模式。

一是线上班线信息发布与查询。随着互联网与移动终端等快速发展，道路客运服务的相关信息需要通过各种网络媒介有效传播，保证旅客及时获取客运出行相关信息，以便利化的方式吸引和组织客源。一方面传统道路客运企业通过自建网站或与互联网企业合作方式拓展信息化传播的途径,另一方面互联网信息企业也将信息内容的转载作为吸引浏览,产生流量的重要方式。

二是线上客票销售与购买。随着社会网络化和信息化水平的不断提供,传统的将客运车票销售集中于客运站的组织模式已难以适应客运服务便利化的基本要求。互联网售票渠道在各领域的应用,也使得道路客运的网络售票不断推进。互联网企业参与道路客运业务主要是从提供网络售票服务开始,在发展过程中深入道路客运领域,为道路客运向网络化、便捷化方向发展提供技术支撑。

三是运力调配与客源组织。互联网平台从客运企业的经营活动发展需要出发,通过互联网平台提供客源组织、运力调节等功能。互联网企业利用其技术优势与传统道路客运企业联合发展,整合已有道路客运企业相关资源,利用互联网技术、大数据分析能力以及人工智能发展,优化道路客运组织模式,提高道路客运运营效率,提升乘客出行体验,更好地满足乘客出行需求。

四是站务管理系统与安检智能化。互联网平台企业在开展信息查询、网络售票等业务的过程中,替代了传统客运场站的部分职能,但是客运场站在乘客上下车以及乘车安检等方面仍然发挥重要作用。因此,当前互联网平台企业将其与客运场站的融合发展作为重要内容,一方面为客运场站提供售取票机、智能进闸、扫码盒子、车载终端等智能终端产品,另一方面为客运场站提供调度设计、统计结算、运务管理、站务管理、机务管理、安全管理等站务系统。

(2)参与包车客运经营的新模式。

互联网平台企业参与包车客运经营主要有两种业务形态:一种是城际拼车业务,另一种是定制包车或租车业务。两者之间的主要差别在于城际拼车业务是通过线上的方式集合个体运输需求,实际上是一种线上组客的经营方式,而定制包车或租车业务服务需求对象已经是团体运输旅客,已不再需要平台企业实施组客的功能,通过互联网平台实现的主要是与实际运输企业取得联系,并就运输的出发点、目的地、运输车型和线路达成一致。

(3)突破业务形态划分的新模式。

互联网平台参与道路客运运营环节,在对原有组织方式进行创新的过程中,也存在突破原有行业业务形态划分的情况，这样的新模式主要可以区分为两种情况：第一种情况是对道路客运、出租汽车（包括网约车）和城市公交划分的突破，第二种情况是对道路客运中班车客运和包车客运划分的突破。

就第一种情况而言，由于在传统的道路客运、出租汽车（包括网约车）和城市公交的业务领域和边界划分上，主要是从经营区域和运输车型两个维度进行划分，即经营区域上区分为城内和城际，运输车型上区分为大型客车和小型乘用车，由此产生了四种情形，即城内大型客车的运输、城内小型乘用车的运输、城际大型客车的运输和城际小型乘用车的运输，这四种情形中前三种分别对应着城市公交、出租汽车和道路客运。而有关城际小型乘用车的运输，随着互联网和大数据的发展，其运输需求表现越来越明显，而在依托互联网平台满足相应运输需求的模式创新时，所形成的小型乘用车开展网约城际业务，在一定程度上存在属于网约车业务，还是属于道路客运平台业务的监管模糊情况，明确相关业务的范围和界限具有现实的急迫需求。

此外，互联网平台企业参与道路运输经营还存在突破原有班车客运和包车客运运营模式而产生的新模式，平台企业通过与线下包车运输企业签订包车协议的方式，成为包车客运的运输需求方。同时平台通过互联网手段向旅客发布固定的运输服务线路、站点和时间等信息，从而实现以包车客运车辆开展线上班车旅客运输，从而突破传统班车客运和包车客运之间的界限。

三、未来道路客运市场运营模式分析

随着互联网和大数据对传统道路客运行业影响的不断加深，互联网平台企业将越来越深度地参与到客运经营活动中，旅客的运输服务需求也将越来越多地呈现出个性化、差异化和多样化的特征。面对这些影响和改变，行业主管部门应当适时适当地调整道路客运市场的运营模式和监管机制。对于未来管理模式和监管机制调整所带来的，道路客运市场运营的可能模式，主要涉及营运车辆、驾驶人员、经营主体和业务类型四项调整对象，所以通过对不同对象的调整可能产生不同的未来运营模式。而对于这些未来运营模式的分析，可以从要素端的调整、主体端的调整和类型端的调整三个维度进行考量。

1. 要素端的调整

要素端的调整主要针对营运车辆和驾驶人员，即在不改变班车客运和包车客运的类型划分，也不改变道路客运经营主体监管机制的情况下，能否对作为主要运输要素的"车"和"人"的运营机制予以调整。

首先，有关运输中"车"要素的调整主要存在三个方面：第一是是否可以由非营运车辆开展道路客运经营，第二是对于道路客运经营中营运车辆的技术标准要求能否降低，第三是对于营运车辆能否不再强制经营主体要求拥有所有权，允许经营主体以租赁等方式取得使用权的营业车辆开展道路客运经营。从目前行业的监管要求和市场经营主体的发展需求来看，从道路客运保障旅客人身安全的角度考量，强制性要求使用营运车辆和必须符合一定的车辆技术标准，是必要和短时间难以改变的。但是对于符合技术条件的营运车辆，允许经营主体以非所有权的方式使用，并不直接导致运输安全性的降低，同时有利于降低客运经营主体运营成本，因此存在调整的空间。

其次，有关运输中"车"要素的调整主要存在，相类似的三个方面：第一是是否可以是由未取得相应从业资格的驾驶人员开展道路客运经营，第二是对于道路客运经营中驾驶人员的从业资格要求能否降低，第三是对于驾驶人员与经营主体之间的劳动关系要求能否予以放松，不再强制要求经营主体与驾驶人员之间的雇佣关系，允许以劳务派遣等方式，聘用相关驾驶人员。同样基于道路客运保障旅客人身安全的要求，以一定的资格要求限定开展道路客运人员的能力水平，具有必要性和合理性。同时允许采取灵活的劳动就业关系，在保证驾驶人员能力水平的前提下，可以降低经营主体运营成本，也更有利于适应互联网信息技术发展对就业和用工关系的改变。

基于上述分析，在允许调整"车"要素，允许经营主体采取非所有权方式使用营运车辆，允许调整"人"要素，允许经营主体采取灵活用工方式和劳务关系聘用驾驶人员的前提下，道路客运未来运营模式的调整可能存在三种具有情形：第一种情形是只允许经营主体采用租赁等方式使用营运车辆，但必须与驾驶人员签订劳动合同，即只在"车"的要素上予以调整（图7-5）；第二种情形是只允许经营主体采用劳务合同等灵活用工方式聘用驾驶人员,但必须拥有营运车辆所有权,即只在"人"的要素上予以调整(图7-6);第三种情形是既允许经营主体采用租赁等方式使用营运车辆,又允许经营主体采用劳务合同等灵活用工方式聘用驾驶人员,即在"车"和"人"的要素上均予以调整(图7-7)。

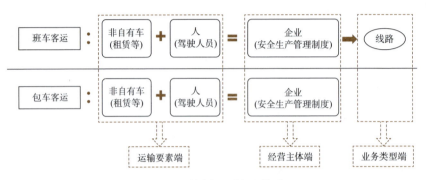

图7-5 运输车辆要素调整情形

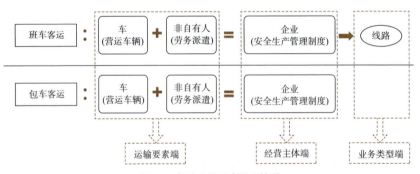

图7-6 驾驶人员要素调整情形

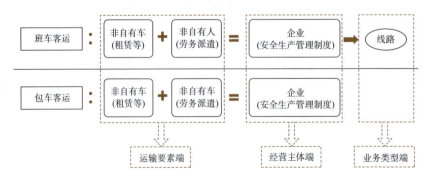

图7-7 运输车辆和驾驶人员要素调整情形

对于以上三种调整情形,由于对于驾驶人员劳动关系的调整还可能涉及社会保险制度的健全程度等问题,所以对于"人"的要素的调整可以晚于"车"的要素的调整。由此,在运输要素的监管要求上可以考虑先从"车"的要素予以调整,再到"人"的要素进行调整,最终实现第三种情形下对"车"和"人"的要素同时放松,允许经营主体自主选择运输车辆的使用方式和驾驶人员的聘用方式。

2. 主体端的调整

在允许经营主体采用租赁等方式使用营运车辆,同时允许经营主体采用劳务合同等灵活用工方式聘用驾驶人员的前提下,可以进一步考虑对经营主体端进行调整,因为在不强制要求经营主体自有运输车辆和驾驶人员的情况下,平台企业与实际道路客运企业的差异不再明显。当前对于客运经营主体,在排除作为要素的"车"和"人"的要求外,《中华人民共和国道路运输条例》对经营主体的主要要求是有健全的安全生产管理制度,而法规规章对安全生产管理制度的要求,也直接产生了在发生交通事故时,经营主体的安全生产责任。由此对于经营主体端的调整,主要在于允许平台企业在不自有运输车辆和驾驶人员的情形下,允许申请班车客运线路或者允许申请包车客运经营许可。在这种调整下又可以区分三种不同的具体情形:第一种情形是平台企业可以申请线路,但同时必须申请经营许可,取得主体资格,而经营主体资格要求必须有健全的安全生产管理制度,这种情形下平台企业与传统的运输经营主体存在替代关系,平台企业代替了传统运输经营主体的主体地位,平台企业直接对运输车辆和驾驶人员进行管理,而由此产生交通事故时的安全生产责任由平台企业直接承担。图7-8所示为平台企业作为经营主体情形。

第二种情形是平台企业可以申请线路,但可以不申请经营许可,经营主体资格由实际的传统运输经营企业取得,传统运输企业作为经营主体必须具有健全的安全生产管理制度,对运输车辆和驾驶人员进行实际管理。此时,平台企业和实际运输经营企业之间是合作关系,平台具有线路经营权,传统运输企业享有具体经营管理的权利,但同时承担安全生产责任。图7-9所示为平台企业作为线路申请主体情形。

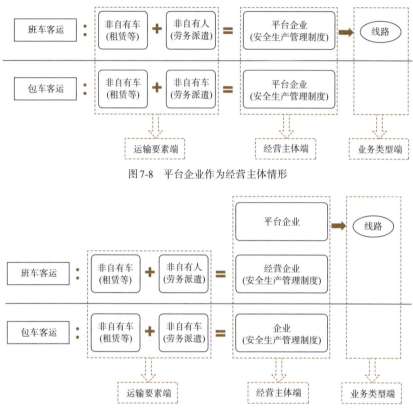

图 7-8 平台企业作为经营主体情形

图 7-9 平台企业作为线路申请主体情形

第三种情形是平台企业可以申请线路,也可以申请经营主体资格,但经营许可并不要求经营主体有健全的安全生产管理制度,由实际从事运输行为的车辆所有人或者管理人,以及实际运输的驾驶人员及其雇佣主体实现自我安全管理,并由这种运输要素的权利主体直接承担安全生产的管理责任。图 7-10 所示为经营主体不要求安全生产管理制度情形。

对于以上三种调整情形,首先,企业作为经营主体,要求其建立完整有效的安全生产管理制度,是有效降低行业主管部门安全监管成本的重要手段,也是有效降低道路客运安全事故风险的重要举措。企业在运输经营过程中取得一定的经营收益,同时作为取得经营收益的回报应当履行一定的社会责任,保证运输过程中旅客的人身和财产安全。企业作为经营主体,参与运输经营,进行自我约束和管理,有利于行业主管部门节约监管成本,实现更好的监管。因此,作为经营主体应当具有健全的安全生产管理制度,同时由经营主体实施安全生产管理比由市场运输要素直接承担责任更能保障运输安全。

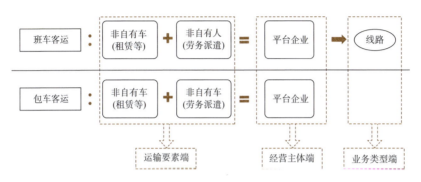

图7-10　经营主体不要求安全生产管理制度情形

其次,线路经营权作为一种具有垄断性质的经营利益,本身就是财产权益的一种体现,而这种权益的取得与安全生产管理的社会责任和经营成本应当结合在一起,否则可能导致市场的不正当竞争行为。拥有线路经营权的平台企业不承担安全管理职责,承担安全管理职责的实际运输经营主体不享有线路经营的利益,并不利于客运市场的公平竞争和健康发展。因此,对于上述三种情形,在允许平台企业申请线路经营的情况下,要求其有健全的安全生产管理制度,并由其承担安全生产责任的第一种情形更加具有合理性。

3.业务端的调整

在业务类型端的调整主要针对班车客运和包车客运两种业务形态,需要解决两个方面的问题:首先是两种业务类型的划分是否有必要,能否对道路客运经营不作出业务类型的划分;其次是在划分班车客运和包车客运两种业务类型的情况下,对各自业务形态下的运输经营和监管的具体环节作出调整,从而适应未来道路客运发展的现实需要。

首先,在班车客运和包车客运的业务类型划分上,班车客运从运输供给的角度出发提供固定的线路、时间、站点、班次运行,具有确定性优势,有利于旅客对具体的出行规划作出合理预期,同时保障长期固定往返旅客的出行需求。而包车客运从运输需求的角度出发提供灵活的出发地点、达到目的地和运输线路,具有灵活性的优势,有利于针对旅客的不同出行需求设计个性化、多样化的出行方案,能够在班车客运的基础上,解决差异化的出行需要。因此,两种业务类型的区分是必要的。随着互联网和大数据与道路客运的深度融合,可能两种业务形态的界限会日渐模糊,但在目前道路客运的发展阶段,保留两种业务形态的差异,既有利于保障老年人等特殊客运群体对班线客运的需求依赖,也有利于解决偏远地区旅客因需求不足难以形成包车客运等问题。

其次,在区分班车客运和包车客运两种业务类型的情况下,具体运营中的监管环节和要求,可以进行适当调整。主要是班车客运中的班线能否采取备案制,而非许可制的问题。班车客运中的许可制主要目的在于通过特许经营的方式,限制市场的过分竞争,从而保证运输服务质量和管理要求,同时以特许经营权视为一种财产利益的方式,要求经营主体对经营行为进行自我约束,同时承担如必须按时按线运输等强制性的政府运输要求。采取备案制的方式申请线路,有利于加强班车客运市场的市场竞争,实现经营主体的优胜劣汰,对服务质量的保证也能起到积极的促进作用。同时随着互联网和大数据技术的发展,运输供给和需求间的信息不对称问题得到了较为有效的解决,旅客的出行需求能够通过平台及时地反馈给经营主体,经营主体根据运输需求及时调整运输线路,又实现了运输线路的优胜劣汰,同时也保证了对旅客出行需求的及时满足。因此,在未来道路客运发展的过程中,可以考虑以备案制的方式取代班车运输中对线路的许可。

4. 未来可能模式下的法律关系与法律责任

在要素端调整的情形下,"车"的所有权属性发生改变,"人"的劳动关系发生改变,但具备健全的安全生产责任管理制度的客运经营主体依然存在并未改变,此时与旅客之间订立客运合同关系的主体依然是这些客运经营主体,因此旅客与客运经营企业之间的客运合同关系未改变,客运经营企业基于基础法律关系和健全安全生产管理制度的行业要求,对旅客的人身和财产损害承担违约和侵权责任,同时对重大交通事故中的人员和财产损失承担安全生产的相应责任。

与此同时,由于运输车辆和驾驶人员并非客运经营企业自有,基于客运经营企业和运输车辆租赁公司之间的合同,以及客运经营企业和驾驶人员所属劳务派遣公司之间的合同,当车辆租赁公司对运营车辆技术标准和运输条件的保障上存在过错时,当劳务派遣公司对驾驶人员的从业资格和能力水平保证上存在过错时,客运经营企业可以依据其过错向其追偿相应的违约或侵权责任。

在主体端调整的情形下,需要依据实际签订客运合同的主体确定承担运输过程中违约和侵权责任的一方当事人,同时需要根据行业管理要求上是否存在安全生产管理制度的具体情况,确定相应主体是否应当承担安全生产责任。从总体上看,允许从事实际运输行为的运输车辆所属主体或者驾驶人员与旅客之间直接签订客运合同的方式,在发生事故时的损害赔偿对旅客并不利,其一是相应的运输车辆所属主体或者实际驾驶人员可能并不具有充足的赔偿能力,导致旅客的人身和财产损失无法得到有效赔偿,其二是运输车辆所属主体或者驾驶人员可能存在发生事故后逃逸等情形,导致旅客在遭受损害后寻找相应的赔偿主体存在困难,同时由于车辆和人员的所属关系可能较为复杂,由此也增加了旅客确定损害赔偿主体的难度。

在安全生产责任的承担方面,通过设定"有健全的安全生产管理制度"的强制性规定,实际上是对经营企业的社会责任予以法定化,督促经营主体依法保障运输过程中的人身和财产安全,并基于此要求相应主体承担法定的安全生产责任。同时由于道路旅客运输本身存在的危险性,可能给运输过程中的旅客人身和财产带来严重威胁,因此安全生产管理的成本应当是经营主体获得相应经营收益的必要支出。鉴于此,即便在要素端调整的情形下,也应当通过设定健全的安全生产管理制度的方式,要求运输经营的相关主体,在取得运输经营收益的同时,依法承担运输过程中的安全生产责任。

在业务端调整的情形下,并不会对班车客运和包车客运经营中的法律关系和法律责任产生实质影响。业务类型的调整带来的主要是监管制度和监管责任的改变,经营主体与旅客之间依然订立客运合同的法律关系,同时经营主体依然对旅客在运输过程中的人身和财产损失承担相应的违约和侵权责任。同时在重大安全责任事故发生的情况下,基于经营主体履行安全生产管理制度的不到位情况,需要依法承担相应的安全生产责任。

第三节 互联网和大数据背景下政府创新管理思路及重点

一、总体思路

互联网经济往往打破了传统产业边界,呈现跨界交叉融合、线上线下一体化互动的特点;一定意义上说,这种经济形态使得政府的价格管制、数量管制、准入许可在一定程度上失效,对政府行业管理的理念、方式和手段提出了挑战。

1.转变行业管理方式

一是确立道路客运监管的边界。依据管安全、提服务、保基本的思路,确定道路客运服务监管的边界。一方面,在鼓励创新的同时要坚持安全第一的原则。积极引导运输企业与互联网企业的深度融合,提升服务水平,鼓励互联网企业与合法运输企业联合开拓服务领域,但对于非法营运车辆、以互联网之名从事运输服务、危及人民群众生命财产安全的行为,坚决予以取缔。互联网和大数据的快速发展既有对传统业态的冲击与改造,又能为用户带来更好的线上线下体验,既面临着相关法律法规的障碍,又为运输服务水平提升提供新的思路。另一方面,大道至简、坚持底线监管。当前新技术、新产业、新业态、新模式层出不穷,它们在发展模式、机制和特点等方面与传统经济有很大的不同,有的远超出已有的认知能力和水平。简单套用已有的监管思维与监管做法,就很可能文不对题,即使出发点是好的,结果却事与愿违,既影响新经济发展,也伤害政府的公信力。因此,对于新经济,首先应当承认其"新",承认其可能超出了政府已有的认知范围,承认现有的监管规则可能是不适用的,在此基础上再讨论如何监管。历史经验告诉我们,任何新生事物的成长,首先需要的是一个宽松的发展环境,因此,政府监管应当贯彻"大道至简""底线监管"的原则,守住法律法规的底线,只要在法律认可的范围内,就宜将广阔的空间留给各类市场主体,政府不要轻易出手。特别是对有些一时看不准的东西,可以先观察一段时间。当然,那些已经经过实践证明可能造成严重不良后果的,则要严格加强监管,果断出手。

二是以要素、行为为监管重点。随着互联网对运输服务行业的深度影响,客运逐步向出行延伸转变,使得我们既有的城市公交、农村客运、城际客运等概念将逐步被模糊化,这就要求我们转变过去长期以业务形态和部门分类的监管方式。与此同时,互联网交通企业多为跨界综合性企业,例如携程、高德等,难以唯一确定其归属行业和监管部门。政府应改变原来以企业主体性质进行监管的方式,而是针对其要素和行为进行监管。互联网主要改变的是交易方式,也在一定程度上改变了生产运营方式,但没有改变实现运输服务的要素和生产运营的活动本身。交通运输行业监管针对要素和生产活动,如人员是否符合具有行业资格、车辆是否符合标准要求、运营行为是否符合规范和环保要求等。对于互联网交通企业,必须接入政府监管平台,并公开必要的信息,以保障政府能够对运输服务进行监督。更加综合的企业、监管对象的细分必然涉及更多的监管部门,需要各部门协同配合、快速响应、联动处置,形成监管合力。

三是转变行业管理方式。推进行业监管由强制型监管向服务型监管转变,由单一监管方式向互动监管方式转变,由手工监管向智能监管转变。充分利用"互联网+"技术,为政府监管提供技术支撑。一方面,充分发挥市场的主导作用和政府引导作用。发挥政府在政策引导、法规规范、市场监管等方面的作用,营造开放包容、透明诚信、安全有序的法治营商环境,借助平台经济提升交通运输的服务品质,谋划好发展"互联网+"运输服务的新思路和新措施。更多借助外力,推进行业信息化水平提升。另一方面,准确判定企业主体和业务属性,实施分类差异化管理。首先,互联网交通平台企业不仅仅是供需双方信息交流的平台,而且作为运输服务组织者,统一服务品牌参与运输生产经营活动,因此应将其作为运输企业范畴纳入行业管理。其次,由于互联网交通发展使得部分运输的营运与非营运界限模糊,应加强区分界定和分类管理。对于营运性的业务,如互联网专车、互联网维修,可以探索实行注册备案制,但资源要素必须是营运性,如车辆必须是营运车辆、人员必须具有相应的执业资格,并按相应的法规政策进行管理;对于非营运性行为,如共享汽车、顺风车等,也要明确管理部门及职责,利用既有或修改、制定新的法律法规进行管理,规范相关行为,明确在出现纠纷时的相关法律。由此,要摸清各种业态的运作模式、发展状况,听取消费者评价、相关各方诉求等;就给社会带来的利弊,是否有垄断行为、是否存在税收套利下的不公平竞争、如何平衡传统从业者权益、如何管控各类安全风险等问题进行考虑;有针对性地提出引导、规范各种新业态的具体思路,分类施策。例如,对现实矛盾不大、社会效益显著的(停车、信息等),大力鼓励和推动;对现实矛盾大的,考虑过渡时期,允许有条件的地方先行先试。

2. 充分发挥平台作用

一方面,充分调动发挥平台作用。一是强化互联网、大数据思维,充分发挥平台运营商对参与方的约束和管理责任,鼓励平台企业承担更多的社会责任。二是加强与平台运营商合作,利用互联网平台与大数据技术,对参与者资质、交易、消费行为、用户评价等进行监测与分析,对存在安全、服务风险的行为及时处理,实现对交通运输服务事中事后监管,逐步形成贯穿服务过程全周期的监管体系。三是强化政府部门对平台的监测与管理,保证消费者基本权益,维护竞争有序的市场秩序。

另一方面,明确界定各参与主体的责任,预防行业垄断行为。互联网交通企业一般采用"平台+实体"的线上线下运作组织方式,应明确该组织模式下各参与主体的权利与责任。互联网平台企业作为运输组织者,应对运输服务的客户全权负责,并确定其他参与者的权责,这种权责划分在企业层面应有明确规定且公平合理,以便出现纠纷时政府能够起到裁判员的角色,并有法可依。互联网交通企业的核心是整合资源实现共享效益,规模越大,匹配更精确、及时,效益也越大,因此,各互联网平台在发展初期都会通过各种手段争夺用户,这种新的组织方式也决定了很容易产生垄断,在每个领域最终可能只剩下若干个甚至一两个企业,形成寡头垄断甚至独家垄断。政府管理应从推动行业规模化发展逐步转向避免垄断以及对垄断行为的监管。

3. 实现精准服务与管理

一是从信息孤岛到大数据,创新政府监管的技术手段。国务院印发的《促进大数据发展行动纲要》指出,大数据已成为"提升政府治理能力的新途径"。在对新经济的政府监管创新中,要十分重视大数据技术的应用,构建起一套"用数据说话、用数据决策、用数据管理、用数据创新"的新机制。互联网时代是一个数据为王的时代,人们的行为都会变成数据,在信息世界中留下痕迹。抓住数据运用这一关键环节,实现"服务即监管",让市场治理变得更加简单。新业态是互联网平台经济,方便记录交易全过程和供需双方的基本信息,具有信息对称的特点,这就为采用互联网、大数据技术实施实时监管、事中事后监管、精准监管提供了条件。数据是综合监管最重要的运行基础之一,例如,温州市交通运输管理部门采取省营运车辆联网联控系统和温州市重点营运车辆联网联控系统"双通道"相互验证、定期获取未按规定上传数据提升数据完整性、自动发现卡口数据与卫星定位数据不符合的车辆数据三项措施夯实运行基础。对采集的数据进行归纳、整理,按行业、处置方式、违法行为等不同类别进行分类,为道路运输管理工作提供准确、实用的参考意见,同时对发生较多和性质比较严重的违法行为强化重点整治。

二是开放政府信息数据,推动企业构建运输信息综合服务平台。一方面,积极推动政府部门的信息数据对外开放,有序推进运输信息资源共享共用。充分利用大数据技术,推动政府信息系统与公共数据资源的互联互通,加强数据资源开发利用。统筹综合运输信息服务平台建设,利用物联网、车路协同等前沿技术,完善多渠道、多层次、跨方式的运输信息服务体系。另一方面,构建企业平台,采取政企合作模式加以推进,这是综合运输信息服务平台发展的可行之路。以企业为主导建立的运输服务信息平台,除服务公众外,为增加盈利点和影响力,有较强的意愿和动力进行大数据的挖掘、分析,为政府和企事业单位服务。政府行业主管部门可以通过定制等形式,向企业购买信息资源及咨询服务,如各城市的拥堵指数、公交车和出租汽车等的运营状况、全国范围内黄金周以及日常的客运出行分布等。通过这种客观采集的大数据与实证分析,可以有效增强决策的精准性、预见性和公平性,这也是提升政府管理服务水平的技术手段创新。

4. 推进执法规范化

互联网经济条件下,为创造和维持规范有序的市场秩序和公平合理的竞争环境。在"简、放、服"的基础之上,深化推进运输服务监管体制改革。

一是积极推进综合监管。针对长期以来存在的多头执法、重复检查、标准不一等痼疾,要按照权责一致的原则,推进运输服务市场监管领域综合行政执法改革,落实相关领域综合执法机构监管责任。同时,针对平台监管出现的新情况,要建立健全跨部门、跨区域执法联动响应和协作机制,实现违法线索互联、监管标准互通、处理结果互认,消除监管盲点,降低执法成本。

二是实施公正监管,推广"双随机、一公开"的新型监管方式。抓紧建立随机抽查事项清单、检查对象名录库和执法检查人员名录库,制定随机抽查工作细则,最终实现全覆盖。

三是促进各类市场主体公平竞争。一方面,要在降门槛、同规则、同待遇上下功夫,更好地激发非公经济和民间投资的活力。凡是法律法规未明确禁入的行业和领域,都应允许各类市场主体进入;凡是影响民间资本公平进入和竞争的不合理障碍,都应依法消除。另一方面,要加大交通运输综合执法力度。依法打击各类违法运营、损害公众利益的行为,维护健康的运输市场环境。

5.强化互联网和大数据政务服务

"互联网+政务"作为政府的创新战略,是大数据时代的政府基于公共大数据开展社会治理与大众创新。国民全面网民化,互联网平台企业利用云计算、大数据的强大技术能力,汇聚了远超传统企业规模的海量社会数据,与政府的历史权威统计数据形成优势互补,政府能够借助大数据技术的进步,更好地服务于公众。

一是将互联网技术与运管审批业务深度融合,实现"全流程、全业务、无纸化"网上办理。整合运输政务资源,建立基于一个门户网站或App移动客户端的"一站式"网上政务大厅和行政审批运行模式,集中受理、办理行政许可和其他公共事务。

二是实现计算机对数据的自动流程化管理,做到身份数据化、行为数据化、数据关联化、思维数据化和预测数据化,在数据汇集的基础上发现规律,发现风险点和薄弱环节,进而增强监管的针对性和有效性。

三是要努力打破各类"信息孤岛",实现数据按需、契约、有序、安全式开放,形成不断开闭合的跨部门数据共享机制。强化政务信息公开,推进运输行政管理集中、透明、便民、高效,方便社会监督。强化运输管理政务信息系统建设,推动跨方式、跨部门、跨区域信息互查与诚信共管。推进道路运输政务管理信息系统互联互通,推动实现运政管理与执法信息的跨区域协调联动,加强与车辆超限管理信息系统联网管理与信息共享。

二、监管重点

1.平台新模式下的信息数据监管

在互联网和大数据分析技术快速发展的背景下,互联网交通企业广泛参与道路客运经营,依托其掌握的运输需求与供给信息,完成信息匹配,促进双方运输合意的达成。互联网交通企业所掌握的运输相关信息数据不仅对运输服务的实现有益,对于运输过程的监管也具有重要意义。由此,行业的监管重点可以调整为以信息数据作为基础的运输过程监管。对运输过程的监管理应是行业监管的重点,但由于传统模式下监管执法能力的有限,对运输全过程实现监管难以做到,但互联网信息技术和大数据分析技术,以及人工智能等的发展为行业监管的现代化和数字化提供了重要手段。在互联网和大数据等信息技术的帮助下,行业对运输过程的监管能够实现以下三个方面的内容:

一是实现运输要素能力的监管,通过对运输车辆和驾驶人员的技术信息和从业信息进行数据化的转化,能够充分了解运输车辆和驾驶人员的基础运输能力,以匹配运输能力和运输难度的方式,保证实际开展运输活动的车辆和驾驶人员能够满足相应的运输能力需求,从而保证运输过程安全。

二是实现运输过程的实时监控,通过互联网远程实时监控的相关手段,依托大数据分析和人工智能的控制措施,能够实现对运输过程中驾驶人员的驾驶行为实施监督,及时控制和有效管理,保证运输过程中驾驶人员的操作行为符合规范要求,避免由于操作疏忽或不当而发生安全事故。

三是实现运输服务的及时反馈和评价机制,通过及时反馈和评价机制的设置,能够实现旅客对运输过程中的安全性和服务体验进行有效监督,有利于帮助运输经营主体和行业管理部门及时发现运输过程中的违法违规行为，同时及时督促和改正相应的运输行为，保证运输过程的安全。

2.未来可能模式下的协同创新监管

在未来道路客运发展的过程中，随着要素端、主体端以及业务端运营模式的不断调整，参与道路客运经营的主体将越来越多，而运输经营的环节和过程也将变得越来越分散，无疑会给行业过程的监管带来更大的难度。为适应未来行业发展的特点和要求，监管理念和方式应当向协同创新方向转变。

首先是协同创新监管要建立以信任为基础的合作监管理念。在传统的监管模式下监管者与被监管者往往被置于某种对抗性的地位，其基础是建立在某种程度的不信任之上，监管者制定规则，但并不认为从业者会遵守规则，因此将更多精力建立在对不遵守规则经营者的监督和处罚上。而合作监管的理念建立在信任的基础上，希望通过基于相互信任而开展的有效协商沟通，保证经营者对规则的接受、理解和尊重，同时通过将行业规则有效转变为经营者内部管理的控制规则，保证监管规则的实施效率和效果。

其次是拓展监管主体的范围，保证包括经营者本身等更多主体参与到运输过程的监管。交通运输主管部门需要充分了解不同监管主体在监管能力和监管意愿上的差异，为市场经营者、服务对象、行业协会、第三方监管企业提供不同的监管途径和手段，为形成共同参与监管的思想理念和监管环境，实现协同监管的合力创造基础。

再次是鼓励监管技术的创新发展，行业主管部门可以通过政府购买服务等方式吸引第三方监管主体参与行业监管，同时允许和保证第三方监管主体在监管过程中获得一定的收益，从而实现推动监管技术的创新发展，保证行业监管能够及时有效适应行业未来的发展环境和要求。主动加强与公安等相关部门的沟通协调，推进行业信用评价结果共享和信用联动，实现一处失信，联合惩戒。综合运用移动互联网等新一代信息技术，加强对行业动态、静态信息，以及服务评价等数据的挖掘分析，实现"用数据说话、用数据决策、用数据管理、用数据创新"，推动行业管理向全覆盖、全天候、全方位的"云监管"转变。

3. 发挥信用监管的核心作用

信用体系是一个应用体系,更是一个生产生活信息系统,能让信用体系建设真正成为维护市场经济和社会秩序的"守护神"。现代市场经济本质上是信用经济。面对主体多样化、利益多元化以及社会信息化的复杂形势,推进交通运输治理能力现代化,要注重发挥包括信用在内的社会治理方式的重要作用,把信用体系建设作为加强和创新行业治理、提升治理水平的重要抓手。充分运用移动互联网时代大数据和信息交互优势,以征信管理为核心内容,创新行业监管方式,推进运输市场治理模式由事前审批向事中事后监管转变。

一是要充分利用社会力量,发挥平台的作用建立信用体系。"互联网+"下的分享经济是建立在社会互信和个人信用基础之上的,分享经济参与者通过线上平台建立联系,相比传统现场交易等是弱连接关系。因此,如何保证参与者财产安全、出行安全、交易安全,以及劳工保障,是分享经济参与者面临的主要问题。解决问题的核心是建立覆盖社会、各新业态的诚信体系。重点利用社会力量进行信用体系建设,以实现各企业平台的用户点评、交易效果评价等数据的衔接为目标,搭建各类信用数据桥梁。

二是加快推进"信用交通"建设和应用。健全覆盖社会成员的信用记录和信用基础设施网络,是社会信用体系建设的重要基础。"信用交通"网站作为运输服务行业对接国家、各省信用系统的重要平台,是全行业公共信息信息的"一站式"综合检索窗口,实现行业信用信息数据归集、共享、公开和应用的常态化、制度化,有效消除信用信息"壁垒"和"孤岛"。政府应加强对互联网经济交易中的诚信者和欺诈者的信息披露,以失信惩戒制约交易中的欺诈行为发生,并针对"互联网+"运输服务特点,推动新险种来规避分享者财产安全等风险。与此同时,推进政府交通运输诚信信息与数据的开放共享,制定开放策略与路径,发挥数据价值,提高政府效能。

第八章　车辆租赁模式下道路客运管理政策改革

近年来,随着网约车、城际拼车、分时租赁等新业态、新模式的快速发展,旅客出行的需求品质整体提升,客运服务也进入了以"互联网引领和产业革命推动"为特征的新阶段。与此同时,传统道路客运量呈现逐年下降趋势,供给与需求的不适应性愈加突出。在2020年版《道路旅客运输及客运站管理规定》修订之前,道路客运行业改革主要聚焦于推动定制客运发展、推动运价市场化改革、运输场站管理模式优化等方面,总体是在目前的政策框架下,对运营服务模式、运输价格等的优化和完善,虽然体现了行业发展趋势,在很大程度上顺应了当前市场需求,但并没有从生产能力释放的角度出发,对核心的生产要素——车辆的管理模式进行变革性的探索。2023年版《道路旅客运输及客运站管理规定》实施后,客运车辆的管理模式发生了重要改变,企业自有车辆实现了"车线解绑"和班车与包车之间的自主调配,企业对自有生产要素——车辆的配置自主性得到了强化,但这种要素配置的自主性还是限定于客运企业内部,仍然具有一定的封闭性,客运企业创新发展活力和主动性的发挥仍然存在一定的制约。

从市场发展动态和趋势来看,车辆管理模式变革已经成为行业外部力量(主要是各类互联网平台公司)进入出行服务领域的重要切入点。近年来,诸多互联网平台公司开始涉足道路客运领域,其切入点就是借助互联网平台,通过租赁车辆(营运或非营运性质)实际开展旅客运输经营。这种通过市场方式催生的"新型服务模式"严格来讲并不符合目前的道路客运管理制度,但却顺应了市场需求,因而保持了较好的发展态势,对传统道路客运形成了严重的影响,导致了明显的不公平竞争。与此同时，传统道路客运企业的经营效益日渐下滑，"车辆自有"的重资产模式使得企业经营压力较大，制约了企业经营的自主性和灵活性，不利于行业整体创新发展和转型升级。顺应出行市场发展的大环境、大趋势，激发市场主体活力，释放和提升行业生产力，要求道路客运行业突破既有政策框架的局限。"租赁车辆从事道路客运经营"就是从深入推进资源配置改革、监管制度改革的角度，对行业管理政策重新优化构建进行研究探索。2020年的《中华人民共和国道路运输条例》(修订草案征求意见稿)将"汽车租赁"作为道路运输相关经营业务的一种纳入了调整范围，同时也提出了"利用租赁车辆从事道路运输"的基本制度设计。从各地交通运输部门、相关企业、协会等的反馈意见来看，各方对于"汽车租赁""租赁车辆""利用租赁车辆从事道路运输经营"等相关概念的内涵，以及营运车辆租赁和挂靠经营的区别和关系等，都有明显不同的理解和认识。根本原因在于现行《中华人民共和国道路运输条例》要求用于道路运输的车辆为经营者自有，没有关于营运性车辆租赁的相关规定，而关于租赁车辆管理，目前交通运输部只出台了《小微型客车租赁经营服务管理办法》，要求用于租赁的小微型客车需为租赁性质，但是对于大中型客车能否进行租赁以及运营性质车辆租赁的相关要求，目前在政策层面尚处于空白状态。"利用租赁车辆从事道路运输经营"究竟是什么样的一种模式？是道路运输企业可以利用租来的非营运车辆直接从事道路运输经营，还是必须租赁营运车辆或者是租来的非营运车辆性质变更为营运性质后从事道路运输经营等都需要进行统筹研究，既涉及对现有道路客运管理政策的改革，也涉及汽车租赁管理制度的构建完善。基于此，梳理客车租赁基础理论、构建客运租赁的基本模式、开展可行性和风险研究论证，提出"车辆租赁模式"下优化道路客运经营管理制度建议，对深化道路客运行业改革至关重要。

第一节 车辆租赁的基本概念

"租赁"概念存在广义和狭义之别，因此探讨"车辆租赁模式"首先需提出以下两个基本概念问题。

一、汽车租赁

汽车租赁可从两个视角予以分析。

1. 广义视角

《中华人民共和国民法典》第十四章"租赁合同"中,"租赁合同"是出租人将租赁物交付承租人使用、收益,承租人支付租金的合同。该定义中,"租赁"被广泛地界定为一种行为活动,强调的是出租人和承租人之间的合同关系。按照《中华人民共和国民法典》的定义,可将汽车租赁广义地理解为车辆的使用权在出租人和承租人之间进行转换的一种行为活动,而这里的"车辆"是不附加技术要求及其他条件的。

2. 狭义视角

从实施行业管理的角度,汽车租赁被视为一种行业形态或经营业务,在《汽车租赁业管理暂行规定》(已废止)、《小微型客车经营服务管理规定》等由行业管理部门出于实施行业管理的目的而制定的法规制度中,汽车租赁就视为一种行业形态和经营业务,实施相应的行业管理。在行业管理政策中,"租赁车辆"往往是附加一定条件的,如《小微型客车经营服务管理规定》中的租赁车辆就附加了"小微型""使用性质为租赁"等条件,且对租赁经营者也设置了相应的资格条件。

二、租赁车辆

"利用租赁车辆从事道路客运经营"中的"租赁车辆"是指客运企业可以利用租来的车辆从事客运经营,即车辆可以为经营者非自有车辆。但因为汽车租赁政策体系尚未建立,租赁车辆从事道路客运目前在政策制度层面尚无法形成闭环。因此,首先需对两个问题的梳理进行分析,在明确"租赁车辆"内涵的基础上,形成政策逻辑闭环。

1. 谁可以出租?

对车辆的出租者有无资质条件要求,例如不具备法人资格的组织和个人能否成为租赁经营者,道路客运企业能否出租自有的营运性客车。在不同的车辆出租主体下,会出现不同的"客车租赁"模式,因此"谁可以出租"是回答租赁车辆来源的关键问题,也是构建"客车租赁"模式的前提问题,同时也是讨论"客车租赁"模式可行性、必要性的前提问题。

2.何种车辆可以出租?

按照《中华人民共和国道路交通安全法》,我国对机动车实施分类登记管理,在《道路交通管理 机动车类型》(GA 802—2019)❶中,按照登记使用性质将机动车分为营运、非营运和运送学生三类,其中,"租赁"和"公路客运"都属于"营运"类车辆中的两个子类,从事道路客运的车辆其使用性质须为"公路客运",用于租赁经营的车辆其使用性质须为"租赁"。在此规定前提下,在符合技术条件要求的情况下,车辆的初始登记使用性质是否需为"租赁",是可直接从事道路客运还是需将性质变更为"公路客运"后方可从事客运经营,以及已经登记为"公路客运"性质的车辆能否出租给他方从事客运经营等,也都是需要明确的问题。机动车使用性质细类见表8-1。

机动车使用性质细类 表8-1

分类		说明
营运	公路客运	专门从事公路旅客运输的客车和乘用车
	公交客运	城市内专门从事公共交通客运的客车
	出租客运	以行驶里程和时间计费,将乘客运载至其指定地点的客车和乘用车
	旅游客运	专门运载游客的客车和乘用车
	租赁	专门租赁给其他单位或者个人自行使用,不随车配备驾驶劳务、以租用时间或者租用里程计费的机动车
	教练	专门从事驾驶技能培训的机动车
	货运	专门从事货物(危险货物除外)运输的货车、挂车
	危化品运输	专门用于运输剧毒化学品、爆炸品、放射性物品、腐蚀性物品等危险货物的货车、挂车

---

❶ 按照《道路交通管理 机动车类型》(GA 802—2019)的定义:营运机动车是指个人或者单位以获取利润为目的而使用的机动车;非营运机动车是指个人或者单位不以获取利润为目的而使用的机动车。按此定义,租赁经营者出租车辆通过收取租金等方式获取利润,该车辆也必然属于营运车辆,但这里的"营运"与道路运输经营中"经营"的含义并不相同,即租赁行为只是一种具备获利目的的商业行为,而并不属于道路运输经营行为,租赁车辆的"营运"性质也与道路运输无关联关系。

续上表

分类		说明
非营运	警用	公安机关、国家安全机关、司法行政系统（包括监狱、戒毒管理机关和司法局）和人民法院、人民检察院用于执行紧急职务的机动车
	消防	用于灭火的专用机动车和现场指挥机动车
	救护	急救、医疗机构和卫生防疫等部门用于抢救危重病人或处理紧急疫情的专用机动车
	工程救险	防汛、水利、电力、矿山、城建、交通、铁道等部门用于抢修公用设施、抢救人民生命财产的专用机动车和现场指挥机动车
	营转非	原为营运机动车（出租客运汽车除外），现改为非营运机动车
	出租转非	原为出租客运汽车，现改为非营运汽车，不再用作出租客运汽车
运送学生	运送幼儿（幼儿校车）	用于有组织地接送3周岁以上学龄前幼儿上下学的7座及7座以上载客汽车
	运送小学生（小学生校车）	用于有组织地接送小学生上下学的7座及7座以上载客汽车
	运送中小学生（中小学生校车）	用于有组织地接送义务教育阶段学生（小学生和初中生）上下学的7座及7座以上载客汽车
	运送初中生（初中生校车）	用于有组织地接送初中生上下学的7座及7座以上载客汽车

第二节　客车租赁的现实需求

一、当前发展阶段的需要

在2020年版《道路旅客运输及客运站管理规定》发布实施之前，对道路客运车辆实行的是企业自有车辆、车辆和线路捆绑、车辆和业态捆绑的管理模式。自2020年版《道路旅客运输及客运站管理规定》实施后，虽然仍然保持了企业自有车辆的要求，但是在同一企业内部实现了车辆与班车、包车业态解绑以及车辆与线路的解绑，以"放管服"为基本思路，实现了对生产要素的放松管制、优化管制。新老政策对客运车辆管理方式的变化，核心是对车辆、班次等生产要素的放开，体现了对生产要素配置自主性的强化。2020年版《道路旅客运输及客运站管理规定》实施后,尤其是鼓励和规范定制客运发展的政策框架明确后,道路客运在政策层面的限制已经得到很大程度的放松,企业具备了自由配置自有车辆资源的充分自主权。但是在2020年版《道路旅客运输及客运站管理规定》实施近两年后,在传统道路客运发展形势日益严峻、效益日益下滑的形势下,定制客运这一新模式并没有得到快速的发展,发展规模和效果都不及预期。根据定制客运专项调研数据,目前定制客运线路、投入车辆数量、完成客运量占道路客运的比例都很低,究其原因:一方面是目前的出行选择方式多,定制客运的市场认知度还较低,市场培育需要一定的过程,但更重要的是,从定制客运服务提供者——道路客运企业的视角看,主要还是由于开展定制客运业务,企业需要投入大量资金购置新型车辆,资金投入压力很大,在市场经营效益较差的情况下尤其如此,企业没有投入车辆的经济能力或积极性较差,反过来限制了道路客运服务供给结构的调整,制约了定制客运市场培育。

在道路客运当前发展阶段,在目前的定制客运发展的困局下,从激发企业活力、推动行业转型发展的角度,通过租赁车辆来开展道路客运经营存在客观需求,尤其是通过租赁车辆形式开展定制客运,有必要从服务市场发展、服务大众需求的视角出发,进一步审视管理政策的适用性,再次聚焦生产要素的配置,顺应市场发展趋势和响应市场主体需求,探索车辆要素配置机制进一步优化调整、进一步放开的空间,这是当前道路客运行业发展阶段和发展新形势下的迫切需要,也正是基于此,《中华人民共和国道路运输条例》征求意见稿初步提出了客车租赁模式。在立法实践上,客车租赁其实也并非完全新提出的一种车辆模式,在部分省(自治区、直辖市)的相关法规已出现过,但从调研情况来看,各省(自治区、直辖市)关于租赁车辆用于道路运输经营的相关规定几乎均为原则性的规定,对于具体如何实施则普遍没有更为详细的、配套的规定(表8-2)。

车辆租赁模式的地方立法实践　　　　　　　　　　表8-2

省(自治区、直辖市)	法规	相关内容
河南	《河南省道路运输条例》	第三十一条　汽车租赁经营者应当与承租人签订汽车租赁合同,必须保证车辆技术状况良好、证件齐全。 承租人租赁汽车从事道路运输经营活动的,应当依法取得道路运输经营许可

续上表

省（自治区、直辖市）	法规	相关内容
重庆	《重庆市道路运输管理条例》	第四十七条　利用租赁汽车从事道路运输经营的，汽车租赁经营者应当变更汽车使用性质。汽车使用性质一旦变更，应当按照相应的营运汽车使用年限执行报废管理
安徽	《安徽省道路运输管理条例》	第三十八条　汽车租赁经营者出租车辆从事道路运输经营活动，其所出租的车辆应当依法取得车辆营运证
辽宁	《辽宁省道路运输管理条例》	第四十二条　汽车（含客车、货车、特种车辆和其他车辆）租赁经营者应当为承租人提供技术良好、装备齐全的车辆。承租人利用租赁车辆申请从事实行行政许可道路运输的，应当按照本条例规定，办理道路运输经营许可证
浙江	《浙江省道路运输条例》	第五十七条　汽车租赁经营者应当遵守下列规定：汽车租赁经营者从事道路运输经营活动的，应当取得相应道路经营许可。未经许可，不得从事或者变相从事包车客运等道路运输经营活动

二、适应未来发展的需求

从现实需求看，在道路客运市场不景气、经营效益普遍下滑的现状下，道路客运企业存在车辆富余是客观事实，但这种运力富余属于结构性过剩，总体上是大型车辆过剩而中小型车辆供给不足，是运力供给结构不能适应客运服务业态发展趋势的表现。同时，当前是道路客运企业转型发展的关键时期，车辆小型化成为客运企业新增运力的主要方向，未来随着城际客运、网约车等业态之间的边界不断模糊，车辆"去大型化""小型化"也将成为道路客运发展的日常形态。

从应对外部环境形势的视角。生产要素组织模式变革已经成为各类平台公司等行业外部力量进入出行服务领域、挑战传统服务模式和行业管理模式的重要切入点。近年来，诸多互联网平台企业开始涉足道路客运领域，其切入点就是借助互联网平台，通过租赁车辆（营运或非营运性质）实际开展旅客运输经营，此类"新型服务模式"并不符合目前的道路客运管理制度，但却顺应了市场需求，因而保持了较好的发展态势，对传统道路客运形成了严重的影响，导致了明显的不公平竞争。与此同时，传统道路客运企业的经营效益日渐下滑，"车辆自有"的重资产模式使得企业经营压力较大，制约了企业经营的自主性和灵活性，不利于行业整体创新发展和转型升级。未来，随着出行市场环境的变化和市场格局的发展，道路客运领域存在进一步放开的必要性和可能性，传统的道路客运班车、包车的边界也势必将进一步打破，互联网包车预计将得到进一步发展，届时道路客运与网约车尤其是城际网约车之间的业务边界也将进一步模糊，车辆小型化的趋势也将进一步强化。

第三节 客车租赁模式构建与评估

一、客车租赁基本模式构建

在梳理道路客运和汽车租赁基本政策的基础上，从基于行业管理的狭义视角，围绕"谁可以出租""何种车辆可以出租"两个基本问题，梳理出以下几种"客车租赁"基本模式。

1. 车户分别许可模式(图8-1)

借鉴网约车经营者、车辆、驾驶员分别实施许可的"三项许可"模式，网约车平台公司和车辆之间不要求有产权归属关系，只要具备相应的资格条件便可分别申请出租汽车经营许可和出租汽车从业许可，合法合规开展网约车经营。车户分别许可模式下，具备道路客运车辆技术条件要求的车辆均可申请道路旅客运输经营许可，获得管理部门许可即代表该车辆具备从事道路客运经营的合法资质，而并不要求该车辆的产权所有人取得道路客运经营许可。同样，取得道路客运经营许可的经营者，既可以利用其自有的车辆开展道路客运经营，也可租赁取得道路运输证的车辆用于道路客运经营。

2. 同业租赁模式(图8-2)

同业租赁模式是指道路运输行业内已经取得道路客运经营许可的客运企业之间进行的客车租赁行为，即道路客运企业在运力富余、自有车辆闲置的情况下，将闲置车辆(车辆已经取得道路运输证)出租给其他道路客运企业,承租企业在其经营业务范围内,利用该车辆开展道路客运经营活动。

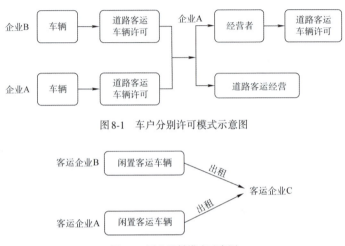

图 8-1　车户分别许可模式示意图

图 8-2　同业租赁模式示意图

3.租赁车辆直接运营模式(图8-3)

道路客运经营者从具备经营资质的汽车租赁企业租赁符合道路客运要求的车辆(车辆使用性质为"租赁"),以车辆使用者(承租人)和道路客运经营者的身份为此车辆申请配发道路运输证。该模式下,租赁车辆的使用性质不进行变更,但仍然按照道路运输车辆相关要求进行管理。

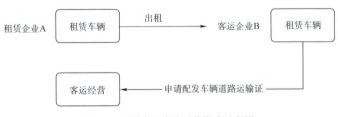

图 8-3　租赁车辆直接运营模式示意图

4.租赁车辆性质变更模式(图8-4)

道路客运经营者从具备经营资质的汽车租赁企业租赁符合道路客运要求的车辆(车辆使用性质为"租赁"),以车辆使用者(承租人)和道路客运经营者的身份申请将车辆使用性质由"租赁"变更为"公路客运",并为变更性质后的车辆申请配发道路运输证,按照道路运输车辆相关要求进行管理。

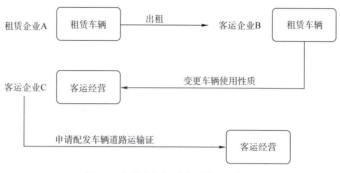

图8-4 租赁车辆性质变更模式示意图

二、不同模式的可行性评估

1.车户分别许可模式

车户独立许可模式的核心是要求客运车辆的运输证配发与客运经营者许可进行脱钩,客运企业经营许可条件中不再对其是否拥有车辆进行要求,企业可在无车辆、无驾驶员的情况下申请经营者(业户)许可。严格来说,该模式已经不属于客车租赁模式,是类似网约车经营者、车辆、驾驶员三项单独许可的管理模式,会形成道路客运行业的"车辆池"和"驾驶员池",需要对现有道路客运管理政策进行全面、重大的调整,需要对现有的道路客运政策体系进行颠覆性重构。从道路客运市场发展现状、行业管理现状和存在的问题来看,"车户分别许可模式"在现阶段和中短期内都不具备推动实施的现实条件,从市场发展和行业管理需求来看,也没有推动实行的必要性。

2.同业租赁模式

同业租赁模式设定较为封闭,出租和承租方均限定为客运企业、车辆限定为客运车辆。客运企业对营运车辆技术保持和运营管理更具有经验优势,理论上该模式的风险可控度较强。但在目前的道路客运和汽车租赁管理政策体系下,该模式仍然存在以下问题。

一是同业租赁模式有偏离道路客运管理政策本意的质疑。道路客运企业申请客运经营许可的目的是从事道路客运经营,行业主管部门给车辆配发道路运输证的目的也是核准企业利用该车辆从事道路客运经营。因此,在《中华人民共和国道路运输条例》修订征求意见过程中,也有行业管理部门和其他相关部门提出质疑:如果"允许客运企业出租客车"成为一种制度设计,客运企业就衍生出客车租赁经营者的身份特征,而客车租赁也就同时衍生其经营业务,在一定程度上偏离了道路客运经营许可制度的本意。而且同业之间的客车租赁属于客运企业之间富余运力流转的一种临时行为,因此客运企业衍生出来的租赁经营者身份也同样具有明显的临时性特征,会随着客车租赁到期收回而不再存在,并不具有持续性和稳定性。

二是同业租赁模式会导致两种业态管理政策体系不顺。需要解决的基本问题是"同业租赁行为是否纳入汽车租赁管理体系中"。针对此问题,可设定三种情形:第一,将同业租赁行为纳入租赁管理体系。此情形下,就赋予了客运企业租赁经营者身份,道路客运企业就需要同时具备租赁经营者的相关条件,且取得租赁经营资质。但同业租赁模式下,客运企业的租赁行为是自有车辆灵活利用的一种临时性的行为,并不是一种专门的经营行为,因此要求客运企业因一种临时行为而具备租赁经营者资质和相关条件,不具备合理性。第二,将同业租赁行为纳入租赁管理体系,但不要求客运企业具备租赁经营者相关条件和资质。此种情形下,在汽车租赁管理体系内就会形成一般租赁企业的车辆租赁和客运企业的运营客车租赁两种租赁模式和两种不同性质的租赁企业主体。第三,不将同业租赁行为纳入租赁管理体系,视为道路客运行业内部的一种车辆管理模式,在道路客运管理政策中进行相关规定。但在情形下,营运客车的短期租赁可能成为客运企业的常态化行为,而常态化的经营行为往往需要完善的制度保障,需对车辆所有企业和使用企业分离且频繁转换、变更情况下的车辆行驶证管理、道路运输证照管理、车辆技术条件管理等设计完善的政策制度,对行业准入管理政策产生较大的改变,会给行业的事中事后监管带来极大挑战,也会对企业的运营管理能力提出很高要求。

3.租赁车辆直接运营模式

该模式的核心是使用租来的车辆直接申请从事道路客运,而不需要改变车辆的使用性质。该模式存在两个的问题：

一是与现有机动车管理法律法规相冲突。《中华人民共和国道路交通安全法》明确国家对机动车实行登记制度，《道路交通管理 机动车类型》(GA 802—2019)则明确规定从事道路客运的车辆的使用性质须为"公路客运"，租赁车辆的使用性质须为"租赁"。"公路客运"和"租赁"属于两种并列的机动车使用性质，同时还明确规定租赁车辆应由承租人自行使用，不得从事道路载客运输。因此，使用租来的车辆直接申请从事道路客运的模式，与现有的机动车管理法律明显冲突。

二是会导致客运车辆管理政策二元化。该模式下，在道路客运领域就会存在"公路客运"和"租赁"两种性质的车辆。而按照相关的法律法规和政策制度，道路运输车辆的使用频率、服务对象等都与非营运车辆存在明显的区别，因此这两类车辆的技术条件要求、安全管理要求、报废年限要求等都不一样。可见，该模式会形成道路客运车辆管理政策二元化，不利于行业统一管理。

4. 租赁车辆性质变更模式

该模式的核心是对租来的车辆的使用性质进行变更，然后再按照道路客运行业管理要求申请从事道路客运。该模式下的车辆管理政策与现有的道路客运车辆管理政策相比，其唯一不同便是不再要求车辆为客运企业自有。该模式下，车辆的初始使用性质为"租赁"，在被出租前按照租赁相关政策实施管理，被出租用于道路客运后按照道路客运相关政策实施管理，车辆使用性质也随之变更为"公路客运"。该模式下的车辆管理与现有的机动车分类规定不存在冲突，也不要求对现有道路客运政策进行大幅修改。但在该模式下，如果允许短期的、临时的车辆租赁，在理论上可能存在租赁车辆频繁进入和退出客运行业、车辆性质频繁变更的情形，会给机动车的安全管理和行业监管带来极大挑战。因此，车辆性质变更模式风险可控，与现有政策兼容性强，但需要将该模式下的"租赁"框定为一种稳定、长期的行为。

在租赁车辆性质变更模式下，"租赁"解决了客运车辆为客运经营者"自有"的单一来源问题，对于客运经营者的生产要素"车辆"的来源赋予了一种新的选择方式。从道路客运管理政策体系来看，客车租赁也没有改变道路客运"市场准入实行强管制""经营者资质条件要求高""经营者主体责任要求严""车辆技术条件要求高"的基本政策要求。

三、可行模式的风险管控

综合考虑上述四种模式的内涵及其与当前道路客运管理政策和汽车租赁管理政策的兼容性，可以得出：上述各种"客车租赁"模式中，"车户独立许可"模式对现有行业管理政策体系的颠覆性非常大，是基于更为宏观的角度、更为长远的视角的一种模式，中短期内不具备实施条件；"同业租赁"限定于客运行业体系内，模式较为封闭、风险相对可控，但一是会导致政策体系不通顺，二是该模式不具有持续性和稳定性，实际需求非常有限；"直接运营"模式会导致行业管理政策二元化，不利于统一管理；"车辆性质变更"模式的法理逻辑清楚，风险可控且与现有政策兼容性强。

按照稳妥有序推进改革的思路，统筹考虑道路客运市场发展现状、道路客运管理政策体系和汽车租赁相关政策制度现状以及市场发展需求、改革基础条件等，"租赁车辆性质变更模式"既能达到提出车辆租赁模式的政策目的，又不会对现有道路客运政策体系和汽车租赁相关管理制度形成重大颠覆，是较为稳妥、可行、清晰的模式。表8-3为车辆租赁模式优劣势对比。

车辆租赁模式优劣势对比　　　　　　　　　　　　　　表8-3

模式	优势或特点	劣势或障碍
车户分别许可	（1）车辆运输证配发与经营许可脱钩； （2）形成"企业池""车辆池"和"驾驶员池"	对现有政策体系进行全面、重大的颠覆性重构
同业租赁	（1）模式设定较为封闭风险可控度较高； （2）客运企业对营运车辆管理更具有经验优势	（1）偏离道路客运管理政策本意； （2）不具有持续性和稳定性； （3）导致两种业态间的政策矛盾； （4）要求现有政策作较大调整
租赁车辆直接运营	模式简单	（1）与机动车管理法律相冲突； （2）导致客运车辆政策二元化； （3）要求现有政策做较大调整
租赁车辆性质变更	（1）风险可控度高； （2）与现有政策兼容性强； （3）少数地区有立法实践	可能存在车辆性质频繁变更

四、租赁车辆性质变更模式风险评估

结合租赁车辆性质变更模式的内涵,重点聚焦车辆管理,从准入要求、责任主体、安全管理、市场退出等方面,分析评估该模式可能存在的风险及其可控性。

1.企业抗风险能力

道路客运直接面向社会公众提供运输服务,是与乘客生命财产安全密切相关的服务行业,对安全性、稳定性有较高要求,而车辆作为一种实体资产,在发生运输安全事故需要对相关方进行赔付时,自有车辆的数量规模本身就成为企业抗风险能力的重要标志之一,这也是道路客运政策要求客运企业的车辆为自有的原因之一,而"车辆租赁模式"则导致了车辆拥有权和使用的分离,在一定程度上不利于维持客运企业的抗风险能力。

从实体资产衡量的角度,具备一定风险但风险可控。"车辆租赁模式"确实会降低道路客运行业的准入门槛,弱化客运企业的抗风险能力(主要是发生事故时的赔付能力),因此在政策设计上,可考虑对企业自有车辆和租赁车辆的数量比例进行限制:一是在经营者准入环节,对企业自有车辆的最低比例提出要求,并要求其在实际运营过程中一直符合此底线要求;二是最大程度确保"车辆租赁"解决的是企业的车辆短缺问题和出于降低经营成本的目的,而不是一种经营行为,因此,在事中运营环节,如果某一企业存在使用租赁车辆从事运营的情况,则该企业在运力富余的情况下,应优先选择将承租的车辆退出运营;三是如果某一企业没有使用租赁车辆从事运营的情况,则允许该企业在符合自有车辆比例底线的前提下,根据经营实际需要,租赁一定数量的车辆用于客运经营。对企业自有车辆比例底线进行限制的目的在于最大程度保障企业在实体资产层面具备一定的抗风险能力。

站在行业发展趋势的角度,车辆小型化发展趋势有利于租赁模式的实施。随着道路客运高频次、高时效、高品质的需求明显增多,由中小型客车为主承担的小容量客运业务越来越受欢迎,未来小容量、个性化的业务形态将逐步成为主流,推进道路客运车辆小型化也已经成为道路客运转型升级发展的重要举措之一。自2020年版实施的《道路旅客运输及客运站管理规定》便已经明确"核定载客人数在

7人及以上"的营运客车可以从事定制客运。在车辆小型化发展趋势下,以及定制化、网络化服务模式下,道路客运车辆的运营特征、运营管理更加接近于出租客运,较之以往的"大客车"时代,中小型客运车辆"租赁模式"的风险程度明显降低。

技术进步和法律、保险等制度的完善为租赁模式创造了更好的保障条件。未来,随着互联网、大数据、区块链等现代技术的逐步发展和应用,客运企业和行业管理部门对车辆运营管理和运行监管的针对性、精细化水平也将进一步提高,企业和行业管理部门对客运车辆技术安全的管理和监管水平也将不断提高。同时,随着我国法律制度体系的完善和法治大环境的进步、改善,以及商业保险制度等的不断成熟完善,企业抗风险能力在法律法规保障、商业机制保障等层面也将与时俱进地得到一定程度的加强。

2.车辆技术安全风险

为加强道路运输车辆技术管理,保持车辆技术状况良好,保障运输安全,发挥车辆效能,交通运输部制定的《道路运输车辆技术管理规定》对道路运输车辆在保证符合规定的技术条件和按要求进行维护、修理、综合性能检测方面提出了明确的技术性管理要求。

从机动车性质分类来看,租赁车辆和公路客运车辆都属于营业性车辆,而从道路运输管理的角度看,汽车租赁不属于道路运输经营行为,《道路运输车辆技术管理规定》中所称"道路运输车辆"也只包括道路旅客运输车辆、道路普通货物运输车辆、道路危险货物运输车辆三类,即针对道路客运车辆有专门的营运性车辆管理规定。在目前的车辆技术管理政策下,"租赁车辆性质变更模式"不会导致车辆安全技术条件要求弱化的问题。"租赁车辆性质变更模式"下,车辆虽然是通过租赁获得,但在投入道路客运经营前就已经按要求变更为道路运输营运性车辆且获得道路运输证,且按照营运性道路运输车辆实施管理的。因此,在"租赁车辆性质变更模式"不会导致车辆技术安全管理弱化的风险。

3.主体责任落实风险

对于"租赁车辆性质变更模式"下车辆运营管理主体责任落实的风险,其核心是在车辆所有权和使用权分离的情况下,如何确定和落实车辆运营管理的责任主体。关于租赁权责义务,《中华人民共和国民法典》第七百零八条明确"出租人应当按照约定将租赁物交付承租人,并在租赁期限内保持租赁物符合约定的用途";第七百一十二条明确"出租人应当履行租赁物的维修义务,但是当事人另有约定的除外";第七百一十三条明确"承租人在租赁物需要维修时可以请求出租人在合理期限内维修。出租人未履行维修义务的,承租人可以自行维修,维修费用由出租人负担"。因此,在法律层面,虽然《中华人民共和国民法典》的基本规定是"出租人履行租赁物的维修义务"以及"出租人在租赁期限内保持租赁物符合约定的用途",但同时《中华人民共和国民法典》也明确了"当事人另有约定的除外"这一例外条款。

我国道路客运一直实施行政许可管理模式,对于客运企业无论其使用的是自有车辆还是租赁车辆,其从事的都是面向社会公众提供服务的、有行业管制的经营性行为,应在基本的法律要求基础上,遵守所从事行业的特殊政策法规要求。因此,无论在何种租赁模式下,都应该明确"承租人"(租赁车辆实际开展客运经营的企业)是车辆技术管理的责任主体,应该负责对车辆实行正确使用、周期维护、视情修理、定期检测,保证投入道路运输经营的车辆符合技术要求。同样,无论在何种租赁模式下,都应该明确"承租人"是道路客运的经营主体,承担承运人责任,在发生道路运输安全事故,对乘客或第三者的生命财产形成损害的,无论该车辆所有人对损害的发生有无过错,都由承租该车辆的客运企业承担先行赔偿责任。

关于客车租赁是否会导致或增加挂靠经营的问题

挂靠经营问题的核心是主体责任确定和落实的问题。在《中华人民共和国道路运输条例》修订的征求意见过程中,针对客车租赁模式有的地方管理部门提出"客车租赁"可能会导致新的挂靠经营问题或者增加挂靠经营的风险。

按照《交通运输部办公厅关于"挂靠经营"含义的复函》(交办运函〔2016〕703号)的解释:《道路旅客运输及客运站管理规定》所称"挂靠经营",是指道路客运车辆的所有(权)人不具备道路客运经营资质,但以其他具备资质的企业名义从事道路旅客运输经营活动的行为。挂靠经营还是传统挂靠经营,在道路客运领域之所以被禁止,主要理由如下:一是在挂靠车辆实际所有权方面,均由挂靠人实际出资购买车辆,并拥有挂靠车辆的实际所有权;二是在道路运输资质使用方面,均由挂靠人支付一定费用,以被挂靠人的名义从事道路运输经营,规避了行政机关对道路运输资质的审批;三是挂靠人均为实际控制人,并负责挂靠车辆驾驶人的聘请以及具体经营管理,被挂靠人对挂靠车辆的经营管理流于形式;四是在挂靠经营存在的隐患方面,被挂靠人均不能切实履行车辆安全技术检验、驾驶员安全教育培训以及业务管理等安全生产主体责任,同样对道路交通造成极大隐患。

与挂靠经营不同,一是客车租赁模式下的客运业务经营,在参与主体上并没有车辆(权)所有人一方,客运业务完全由承租的客运企业开展,出租客运企业以自身名义对公众提供客运服务,不存在所谓挂靠单位与挂靠车辆的车主之间的关系问题。二是客车租赁模式下,客运企业是车辆运营管理的实际控制主体,车辆在从事客运经营过程中,租赁企业完全不参与其中,不对车辆进行调度、管理,更不负责该车辆驾驶人的聘请以及具体经营管理工作。三是正因为客运企业是租赁车辆的实际控制方、使用方和运营管理方,因此不会存在车辆安全管理流于形式的客观因素,承租客运企业完全可以履行对车辆安全技术检验、驾驶员安全教育培训以及业务管理等的安全生产主体责任。综上,客车租赁与挂靠经营二者之间并不存在直接的关联关系,挂靠经营更多地是挂靠者和被挂靠者之间的劳动关系以及由此导致的权责关系,客车租赁并不会必然会导致挂靠经营,也不会增加挂靠经营的风险。

4.退出机制及风险

一是关于车辆报废管理。我国对机动车实施分类管理,不同性质车辆的使用特征和使用强度不同,报废年限要求也不一样。按照《机动车强制报废标准规定》的规定,租赁载客汽车和大、中型营运载客汽车的使用年限都是15年,但其他小、微型营运载客汽车使用年限为10年,达到使用年限的要实施强制报废,并且对变更使用性质情况下如何确定使用年限和报废作了详细规定。类似地,网约车也存在车辆性质在"营运"和"非营运"之间相互转换的问题。按照现有的政策法规,车辆报废要求方面不存在政策障碍,租赁小微型客车使用性质由租赁变更为营运的,应当按照小微型营运载客汽车使用年限执行报废管理。

二是关于车辆更新、到期的运营退出。"租赁车辆性质变更模式"下,出租企业和承租客运企业可自行约定车辆的租赁期限。运营期间,在该车辆的道路运输证有效期到期后,在车辆符合道路运输车辆相关条件要求的情况下,承租客运企业可继续申请利用该车辆从事道路客运经营,也退出客运经营,其管理方式与企业自有车辆没有本质区别。

第四节 管理改革政策建议

一、完善顶层政策架构

一是推动将汽车租赁纳入《中华人民共和国道路运输条例》调整范围,一方面强化对汽车租赁实施行业管理的法理依据,另一方面强化"车辆租赁模式"的法律依据。同时,要完善汽车租赁管理政策法规,目前国家层面只出台了小微型客车租赁管理政策,需要逐步建立包括大中型客车在内的、较为完整的汽车租赁管理政策体系。

二是构建和明确汽车租赁行业的政策框架,重点明确汽车租赁业属于道路运输相关经营业务,而非道路运输经营业务,明确汽车租赁不得随车提供驾驶劳务,明确汽车租赁经营的业务界面。

三是明确利用租赁车辆从事道路客运经营的原则性要求,按照"租赁车辆性质变更模式"的内涵,明确利用租赁车辆从事道路客运的应该遵守道路旅客运输相关管理规定,并在操作实施层面明确车辆性质变更的相关要求。

二、规范市场准入条件

一是针对道路客运经营者优化市场准入的车辆要求,综合考虑企业的抗风险能力。明确申请从事道路客运经营的企业,应当自有或通过部分租赁拥有与其经营业务相适应并经检测合格的客车,核心是在客车数量要求上对自有车辆比例下限提出要求。包括三个关键点：①客运企业的车辆可以是全部自有，也可以是部分自有、部分租赁；②无论是自有车辆还是租赁车辆，都必须符合道路旅客运输经营关于营运车辆技术条件的相关要求；③允许企业租赁多少车辆，应该设置数量下限，宜以租赁车辆比例的方式限定下限。

二是要确保车辆准入有序有效。在企业申请市场准入环节，要求申请从事客运经营的企业提供其与汽车租赁企业签订的车辆租赁合同或车辆租赁意向书，在准入申请环节提供车辆租赁意向书的，在获得行业管理部门出具的经营许可后，应补充提供承租企业与出租企业签订的租赁合同，合同明确双方对车辆管理、使用等的权责义务。

三是应该明确自有车辆和租赁车辆都应符合《道路运输车辆技术管理规定》的有关规定，继续沿用目前的车辆技术管理制度，要按照《道路运输车辆技术管理规定》及其他相关的法规、标准等，严格核验租赁车辆的技术条件，符合道路客运车辆相关要求的，才可为其配备道路运输证。

三、明确运营责任主体

一是车辆的注册登记。明确道路客运经营者落实车辆投入的时间周期，要求客运经营者在规定的时间内落实拟投入租赁车辆的承诺，并向车辆管理部门申请变更车辆的登记使用性质，车辆登记使用性质由"租赁"变更为"公路客运"后，经交通运输主管部门核实，为投入相应车辆配发道路运输证，并注明该车辆的经营范围。

二是优化道路运输证管理。要明确为租赁车辆所配发的道路运输证的持有者为使用该车辆开展客运经营的承租企业，而非车辆所有人（租赁经营者），同时需对目前的道路运输证的式样进行一定的优化调整，在显示经营业户（道路客运经营者）名称的同时显示车辆所有者（租赁经营者）的名称，便于开展车辆规范管理和执法监督工作。

三是应严格租赁车辆的使用管理。应明确要求承租客运企业租来的车辆只能用于本企业的道路客运经营业务，无论该车辆的所有者（租赁经营者）是否同意，都不得将该车辆转租给任何第三方,并要求在准入环节的车辆租赁合同中同时予以明确,严禁出现车辆转租行为。

四是应该要求承租企业以客运经营者身份为客运车辆投保承运人责任险。无论是使用自有车辆还是租赁车辆,在提供运营服务时,客运经营者都是提供运输服务的承运责任主体,需明确要求客运企业为其租赁的车辆按规定投保承运人责任险,并向交通运输主管部门提交相关证明材料,确保发生安全事故情况下的赔付能力,保障旅客生命财产安全。

五是应强化公众对客运经营者的认知。从公众认识的角度,为更好地落实企业承运人职责,应该要求客运企业以统一的形象对社会公众提供服务,应该要求承租客运企业在车辆外部的显著位置喷印其企业名称或者标识,在车厢内醒目位置公示驾驶员姓名和从业资格证号、交通运输服务监督电话、票价和里程表等,以确保社会公众对客运经营者的认知,利于乘客辨识和维权。

四、强化安全风险管控

一是要求客运企业完善制度保障。在市场准入环节,应要求申请从事客运经营的企业具备相应的安全生产管理制度,且如果该企业使用租赁车辆,则要求其在安全生产管理制度中要有针对租赁车辆管理的相关内容,夯实其履行车辆安全技术管理主体责任的制度基础。

二是明确租赁车辆的最短租期,保障车辆运营管理的稳定性。出于企业运营稳定性和行业管理稳定性的考虑,"车辆性质变更模式"下,可对租赁车辆的最短租赁期限作出要求,例如使用租赁车辆申请从事道路客运经营的,其租期不得少于180日等。租赁期内,租赁车辆的道路运输证到期后,承租企业可继续申请利用该车辆从事道路客运经营,在车辆符合相关技术条件要求的情况下,应该继续准予;租赁到期后,承租企业可将该车辆退出道路客运经营,并经车辆登记管理部门将车辆登记使用性质从"公路客运"变回"租赁",并按照租赁合同约定与租赁经营者退租该车辆,也可与租赁企业继续签订租赁合同,在履行相关程序后继续用于道路客运经营。

第九章　道路客运经营分类管理体系优化

道路客运的概念有狭义的道路客运和广义的道路客运之分。狭义的道路客运即通常所说的道路旅客运输,而广义的道路客运是指在道路(公路或城市道路)上使用营运性车辆为社会公众提供出行服务的经营活动,是与铁路客运、民航客运、水路客运相对应的客运服务。长期以来,我国道路客运根据运输形式的不同,划分为道路旅客运输、城市公共汽电车客运、出租汽车客运等几种业态,并对每种业态使用的车辆类型、组织模式、经营行为等都设置了相应规定,实行分类管理政策。随着客运市场需求变化和发展格局的不断调整,传统道路客运经营业态之间的边界逐渐被打破,出现了相互交叉的现象,道路客运经营分类管理弊端也日益显现。道路旅客运输、城市公共汽电车客运、出租汽车客运等道路客运经营业态虽然在运营形式和经营方式存在不同,但是从服务对象本质上看,都是为社会公众提供的公共服务,没有实质性差异。现行按照运营形式和经营方式分类管理的模式,准入规则不统一,不利于有效的市场竞争机制进一步形成和发展,也带来了市场配置资源效率低、不公平竞争、利益冲突引发矛盾等问题,加重了客运供给与市场特征和出行需求的不适应,导致道路客运供给结构应对市场需求变化的适应性和灵活性严重不足。基于此,本章节以广义道路客运概念涉及的道路旅客运输、城市公共汽电车客运及出租客运等业务范畴为研究范围,从顶层设计层面开展优化道路客运经营分类管理模式的前瞻性研究,研究提出优化道路客运分类管理政策及制度设计,以期为进一步深化道路客运供给侧结构性改革、资源配置改革和监管制度改革提供决策参考。

第一节 管理体系优化的必要性分析

一、分类管理现状

道路客运行业关系人民群众的生命安全,一直以来都是管制比较严格的行业。从管理政策制度设计来看,目前我国道路客运行业实行道路旅客运输、城市公共汽电车客运、出租客运三种业态分类管理制度,对每种业态使用的车辆类型、组织模式、经营行为等都设置了相应规定,基本形成了三类不同的道路客运经营业态市场运行基本规则。

1. 道路旅客运输

道路旅客运输依据《中华人民共和国道路运输条例》和配套的部门规章《道路旅客运输及客运站管理规定》实施许可管理,其概念界定为用客车运送旅客、为社会公众提供服务、具有商业性质的道路客运活动,包括班车客运、包车客运、旅游客运。如表9-1所示,按照经营区域范围不同,班车客运划分为一类客运班线(省际班线)、二类客运班线(市际班线)、三类客运班线(县际班线)和四类客运班线(县内班线和毗邻县间班线);包车客运划分为省际包车和省内包车,省内包车又可以细分为市际包车、县际包车和县内包车;按照营运方式不同,旅游客运划分为定线旅游客运和非定线旅游客运。

道路旅客运输经营准入条件 表9-1

经营方式	经营区域	车辆条件	
		类型等级	数量要求
班车客运	一类客运班线	中级以上	自有营运客车100辆以上(高级客车30辆以上),或自有高级营运客车40辆以上
	二类客运班线	中级以上	自有营运客车50辆以上(中高级客车15辆以上),或自有高级营运客车20辆以上
	三类客运班线	—	自有营运客车10辆以上
	四类客运班线	—	自有营运客车1辆以上
包车客运	省际包车	中级以上	自有中高级营运客车20辆以上
	省内包车	中级以上	自有营运客车10辆以上

续上表

经营方式	经营区域	车辆条件	
		类型等级	数量要求
旅游客运	定线旅游客运	—	按照班车客运管理
	非定线旅游客运	—	按照包车客运管理

2. 城市公共汽电车客运

城市公共汽电车客运主要依据《城市公共汽车和电车客运管理规定》实施特许经营，并明确了城市公共汽电车客运的基本制度和服务要求，其概念界定为在城市人民政府确定的区域内，运用符合国家有关标准和规定的公共汽电车车辆和城市公共汽电车客运服务设施，按照核准的线路、站点、时间和票价运营，为社会公众提供基本出行服务的活动。

3. 出租汽车客运

出租汽车客运包括巡游出租汽车（简称"巡游车"）和网约车等方式，主要依据《巡游出租汽车经营服务管理规定》《网络预约出租汽车经营服务管理暂行办法》《出租汽车驾驶员从业资格管理规定》等部颁规章实施管理。其中，《巡游出租汽车经营服务管理规定》明确，出租汽车经营、车辆和驾驶员实行许可管理。《网络预约出租汽车经营服务管理暂行办法》明确：出租汽车行政主管部门对网约车平台公司实施行政许可，明确经营范围、经营区域、经营期限等，并发放网络预约出租汽车经营许可证。

二、现行管理体系的不适应性

1. 经营业态边界日益模糊

班车客运、包车客运、公交客运和出租客运都是面向社会公众提供运输服务的道路客运服务业态，在分类管理政策制度设计上，对每种业态使用的车辆类型、组织模式、经营行为等都设置了相应规定，在主要服务对象、服务模式、经营范围、安全管理等方面也有所区别。但是，随着客运服务模式的多样化以及"互联网+"在客运领域逐渐深入渗透，"线上平台"型经营主体出现，改变了传统的班车客运、包车客运、城市公共汽电车客运、出租客运等以实体企业为主体的线下运输组织模式，班车客运、包车客运、定制客运、城市公交、巡游车、网约车等客运服务新旧业态的边界日益模糊。突出表现在：

一是班线客运与包车客运边界模糊。如包车客运与班车客运在经营范围、经营方式和座位数量等方面没有严格明确的规定，存在着旅游包车客运经营者假借旅游包车客运的名义，以包代线，长期从事班车客运经营或打擦边球的现象，冲击了正常的班线客运市场。此外，互联网包车的出现，打破了传统包车客运业务"团体用户"的概念，使得班线客运与包车客运的业态边界更加模糊。

二是公交客运与班线客运边界模糊。由于受到城乡二元分割的管理体制的影响，客观上形成了"城市公交"和"农村客运"两种不同服务方式的客运业态。近年来，随着城乡道路客运一体化工作的不断推进，各地在对城乡客运服务模式发展探索过程中，衍生出了农村客运公交化、城乡公交一体、城乡客运一体化、镇村公交、城际公交等多种服务形式，城乡公交与城乡客运的概念混淆使用，公交客运与班线客运的分界线已经无法准确划定。

三是出租客运与包车客运边界模糊。包车客运（7座及以下车辆类型范围）与出租客运在使用7座车辆开展客运服务时，业务范围明显重叠，二者区别仅在于，包车客运面向团体旅客，提供驾驶劳务，按照约定的起始地、目的地和路线行驶，而出租汽车客运面向的是非团体的散客，以7座及以下乘用车和驾驶劳务为乘客提供出行服务。但是，近年来随着网约车的出现，个别网约车经营资质的个体业户利用QQ、微信、平台等渠道长期城际组客，提供城际客运服务，与包车客运等业务范围明显重叠，出租客运与包车客运的边界也逐渐被打破，而且对班线客运市场形成了较大的冲击。

2.范围重叠业务规则不统一

长期以来，班车客运、包车客运和公交客运、出租汽车客运的分类管理，各自成了相对独立的政策体系。道路旅客运输管理主要依据《道路旅客运输及客运站管理规定》等部门规章，城市公共汽车客运主要依据《城市公共汽车和电车管理规定》，出租客运主要依据《巡游出租汽车经营服务管理规定》《网络预约出租汽车经营服务管理暂行办法》《出租汽车驾驶员从业资格管理规定》等部颁规章。但是,随着不同业态业务范围开始出现重叠和交叉,由于行业管理规则不一致,对行业中存在的"打擦边球"经营行为难以实施有效处罚,损害合法经营者利益,带来了不公平竞争问题,影响了正常的客运市场秩序。如道路客运定制服务、出租汽车城际客运业务范围明显重叠,但行业准入门槛、监管要求差异较大。如城乡道路客运领域存在城乡公交与道路客运两种业态,由于城市公交和道路客运在管理体制、机制、政策和法规标准方面都不尽相同,城乡客运服务一体化发展面临着制度性制约等。

3.市场难以有效配置资源

随着人民群众对品质化、多样化、个性化的出行需求日益迫切,传统的道路客运班线服务方式则越来越难以满足人民群众美好出行需求,要求道路客运加快供给侧结构性改革,充分尊重和发挥市场配置资源的决定性作用,通过科学制定规则、加强行业监管、提供高效服务等引导规范市场配置资源,提供高质量道路客运服务供给,为人民群众提供更多品类丰富、方式可选的品质化出行服务,更好地满足新时代人民群众美好出行愿望。但是长期以来,我国道路客运市场实行经营许可、线路审批、车辆审批、价格管制的管理措施,对客运企业发展的各个环节严格把控,不同经营业态的运输资源不能有效整合,市场配置资源的作用不能有效发挥,在一定程度上限制了企业的经营自主权,导致道路客运供给结构应对市场需求变化的适应性和灵活性严重不足,也降低了道路客运运输组织效率。

第二节 典型国家道路客运管理制度

一、日本

昭和26年,日本制定了《道路运送法》(法律第183号),并配套制定了《道路运送法施行令》(昭和26年政令第250号)和《关于道路旅客运输的驾驶员条件的政令》(昭和31年政令第256号),同时国土交通省还制定了《道路运送施行规则》《旅客自动车运送事业运输规则》《自动车事故报告规则》等重要的部门规章。此外就具体事项,还出台了许多告示(类似于我国的行政规范性文件)。

从客运分类来看,根据《道路运送法》,日本道路客运根据乘客的不同分为一般旅客道路运输和特定旅客道路运输。其中特定旅客是指为特定对象提供通勤等服务的客车。一般旅客道路运输则包括一般合乘旅客运输、一般包车旅客运输(包车)和一般乘用旅客运输(出租汽车)。一般合乘旅客运输包括定线定期运输、定线不定期运输以及区域运输三种。此外,在《道路运送法》中,还对使用私家车开展有偿运输行为也进行了规范,对这类运输严格限定了运输对象和运输区域,并且运输频率低,以非营利为目的。

从客运许可来看,日本对道路客运采取行政许可制度。运营主体需要通过申请、受理、审查等程序最后获得准入许可,并对运输企业申请进入市场的程序采取严格规制。许可分为两个层级,根据《道路运送法》第67条规定,如果运输的线路不超过200km并且车辆不足100辆的,由地方运输管理部门进行审查合格后予以许可;除此之外,则由国土交通省负责许可事务。日本对于一般合乘旅客运输(相当于国内的班线客运和城市公交)的行政许可条件非常严格,包括运输适合性、经营方案、管理体制、驾驶员和资金五个方面。一是运输适合性,主要是从路线的选择是否适宜考虑,例如在许可时会征询公路管理机构的意见确定所选线路的道路基础设施条件是否合适、会向警察询问运输路线以及停靠点是否有相应的交通安全设施保障。二是经营方案,从营业场所的规模、最低不得低于5辆车、在经营场所2km以内有适合的停车场所、拥有驾驶员休息场所等进行审查。三是管理体制,主要包括是否配合必要的具有资格证的运行管理者(安全管理人员),具有安全管理、事故预防指导、事故处理机制等安全管理制度,配备了具有资格证的车辆设备管理者,以及乘客投诉处理制度。四是驾驶员方面的审查,主要是要求企业必须根据自己的经营方案配额足额的持有资格证的驾驶员。五是对于经营者的资金许可条件,则要求企业必须要有足额的资金保障,在开业初始必须保证所承诺资金总额的50%必须到位,同时具备相应的损害赔偿能力。在对资金许可条件审查时候,还会审查企业是否有相应的投保信息。2002年2月起,日本不再对每条客运线路发放许可执照,而改为对每家企业发放许可证,班次和发车时间不再审批,由企业向运输局备案，并决定于2003年4月1日起取消对运输营业区域的限制。

在日常监管方面，日本道路客运日常监管要求主要包括对驾驶人员和车辆的安全检查要求。对于驾驶人员，要求企业安全管理人员必须在运输前对驾驶员的驾驶时间、健康状况、饮酒情况以及在运输过程中的天气、道路等注意事项进行告知。对于车辆则要求运输前进行检查，每三个月必须定点检查，每年还必须参加国家规定的机动车年检。对于年检，则必须由取得国家三级汽车维修诊断师和相应设备的修理厂才可以进行。运输局对运输经营者经营行为的监督主要以户检户查为主，由运输局支局对其辖区内的运输经营者进行循环检查。如发现有违规违法经营行为，立即下达限期整改的通知。对于违法违章的公司，每违法违章一次记录一定的点数，累计80点及以上时，则强制吊销其经营许可证，永久不得经营道路客运。

关于出租汽车监管，日本出租汽车监管制度经过了四次变革。一是在平成14年以前，日本基于《道路运送法》对出租汽车的运费和增车都是实行认可制度（类似国内的登记或备案）；二是平成14年，修改了《道路运送法》，在保留出租汽车运费认可制度的同时，对增车实行了事前借出制，不允许增加车辆；三是平成21年10月，制定了《出租汽车特别措施法》，对于运费，在一定范围内实行认可，但超过了限值则需要进行审查，对增车事项，对特定区域实行认可制；四是平成26年1月，修改了《出租汽车特别措施法》，对于运费，在准特定区域、特定区域内实行政府核定的运费制度，但超过了限值则需要进行审查，对增车事项，对准特定区域实行认可制；在特定区域禁止新增车辆。总体上，日本的出租汽车行业随着供需变化，其监管呈现出宽松—严格—适度规制的过程。由于平成14年之前，不对出租汽车行业的车辆数量进行管控，由经营者自定后进行登记或备案，导致供给过剩，出现了行业整体安全性下降、服务质量下降和交通阻塞等问题；随着立法的变化，对车辆数量进行了限制。日本出租汽车行业定位更多是满足特殊群体的特别需要，运价较高，并不是公众日常所能承受，可以界定为满足特定对象提供高端出行需求服务的行业。

二、韩国

从客运分类来看，韩国的道路运输客运按照运营模式不同，分为班线经营和区域经营。班线运输又按照运营区域以及运输方式的不同,分为城市公交、城际客运和农村客运。区域经营包括国内的包车客运、特殊客车运输、一般出租汽车和私人出租汽车业务。此外,韩国还将客运终端经营作为道路客运经营的一种类型。所谓的客运终端经营,主要是经营者通过与道路客运经营者的合同出售车票,并从票价中收取一定的佣金(5%~10%)。

从客运许可来看,对于高速城际客运和部分城市公交的行政许可由韩国国土交通省负责,其余道路客运许可则由市级或者乡村行政首长进行签发。对于乡镇客运、包车客运、特殊客车运输以及汽车租赁,向市、道知事申请注册即可,而无须经过国土交通部长下设的事业区域审议委员会的审议取得由国土交通部长官颁发的执照。从事道路客运,其法定代表人和管理人如果不适格,例如,被判破产还未恢复的,则在许可或登记时受到限制。此外,对于采用定线运输方式的客运,需要按照不同的业务符合最低的运营要求,包括车辆数量、停车场所、运输设施设备。同时,对于投入运营的车辆不得超过其报废年限。除了包车客运外,其余客运经营的票价都是受到政府监管指导的。在包车日常监管中,除了为政府机构、公司、学校、幼儿园、体育场馆等提供通勤或校园运输服务之外,不得按照线路经营。此外,为了与出租汽车业务相区别,包车车型至少是高级(16~35座)或中级(11座以上)以上,出租汽车的座位则限制在10座以下。

在日常监管方面,韩国对客运的监管主要通过两种方式:一种是通过新的监管设备进行监管,包括车辆运行信息系统(BIS)和车内视频系统;第二种则通过实地检查经营的运营情况,对违法行为进行处罚。除此之外,行业协会也参与到道路客运的日常监督,包括国家公共汽车运输业协会、国家快速公交运输业务协会、国家客运站协会、国家村公交运输业务协会、国家特种客车协会。

关于出租汽车监管,韩国出租汽车分为一般出租汽车和个体出租汽车。运营范围限定在市区。从驾驶员不得有犯罪记录、车辆数量、停车场所等方面对出租汽车行业市场准入进行审查。例如车辆数量方面的许可条件,每个城市有所不同,有要求50辆以上的,有要求30辆以上的;驾驶人员有5年以上的驾龄;每辆车有13~15m^2停车面积。对个体出租汽车则要求更高,要求有从事出租汽车驾驶经历,并且有10年驾龄,同时车辆具备10~13m²的停车面积。

三、澳大利亚

近年来,随着信息与通信技术的发展,澳大利亚在道路旅客运输行业出现了大量与技术变化和消费者期望变化有关新的参与者、涌现出许多新的出行服务方式。为顺应道路旅客运输行业发展趋势,特别是按需旅客运输领域,2018年,西澳大利亚州议会颁布了《运输(道路旅客运输服务)法案》(Transport Road Passenger Services Bill 2018),以新的法律架构来规范目前的道路旅客运输服务,以确保清晰的问责机制与合适的公平竞争环境。该法案重新定义了道路旅客运输的服务类型,将道路旅客运输服务划分为按需旅客运输、固定旅客运输、游览旅客运输、社区运输服务、礼宾运输服务5大类。其中,按需旅客运输服务是指由乘客或租赁人员确定旅程开始和结束的位置以及旅行时间的乘客运输,根据服务方式的不同,按需旅客运输服务类型划分为出租汽车、基于应用程序的预订服务提供商、豪华轿车、包租客车或车辆、定制旅游包车、合同客车或车辆、聚会客车、租赁客车等。

《运输(道路旅客运输服务)法案》中出现两个关键词:Hire(出租)和Reward(收酬),分别用来定义按需旅客运输的两种主要业务类型,这两种业务类型分别对应不同的车辆类型和服务类型,也分别意味着提前预订和立即出发的服务。出租服务和收酬服务的具体划分界限在于车辆所有权:拥有车辆所有权,通过车辆以任何方式为乘客提供服务并获取利益皆属于出租;没有车辆所有权,只通过特定方式使用车辆为乘客提供服务并获取利益则应被视为收酬。无论车辆所有权或车辆类型,该法案把提供运输服务和预订服务获取报酬的道路旅客运输服务统一归入按需交通的范畴。作为世界上第一部以法律定义按需旅客运输服务的法案,《运输(道路旅客运输服务)法案》已于2019年在西澳大利亚州开始实施,其目标是建设一个提供安全的按需交通服务的行业;允许在按需交通行业工作的个人和公司确定自己的业务运营模式;根据所提供服务的性质,对行业内的从业者提出一致的要求;使进入和退出按需交通行业更容易,并在其中公平运作;允许政府充分了解按需交通服务的规模、性质和性能,以便进行规划,并确保区域和弱势交通群体能够合理地获得服务。

综上,日本和韩国在道路运输分类体系上有所不同,但两个国家都同时将城市公交、出租汽车纳入客运分类体系,基本是从运营模式来划分道路客运,在法规政策中更为统一,逻辑更为清晰。西澳大利亚州以新的法律架构来规范道路旅客运输服务,以确保清晰的问责机制与合适的公平竞争环境。这都可为优化我国道路客运经营分类管理制度提供经验借鉴和思路启示。

第三节　道路客运经营分类管理优化设计

道路客运经营分类优化涉及不同客运业态的整合优化,是一项复杂的系统工程,需要在立足实现效率和公平统一的基础上,围绕建设服务型政府为导向,以优化道路客运经营环境、提高道路客运服务品质为出发点,厘清政府和市场在资源配置中的定位,更好地发挥市场在资源配置中的决定性作用,推进道路客运管理环节改革突破,提升道路客运资源利用效率,加快建立统一开放、竞争有序的客运市场,构建要素自由流动、价格反应灵活、竞争公平有序的道路客运发展环境,不断提升道路客运服务水平,满足人民群众日益增长的美好出行需求。

一、优化原则

一是立足定位。基于道路运输的比较优势和运输方式技术特性,立足道路客运在综合运输体系中的基础性、衔接性和多样性定位,优化道路客运供给结构,实现各种运输方式合理分工,推进综合运输体系建设,提高综合运输体系的效率和效益。

二是市场主导。发挥市场在线路资源配置中的决定性作用和企业市场主体作用,提高资源配置效率,提升道路客运行业的竞争力。深化重点领域改革和体制机制创新,健全法规政策和标准规范,形成有利于发挥市场机制作用、促进企业做优做强和行业转型升级的体制机制环境。

三是需求引导。依托道路客运普遍服务功能,满足人民群众出行基本要求和经济社会发展运输需求，充分发挥道路客运服务多样化的特点，加快满足人民群众个性化、差异化、品质化的美好出行需求，适应经济社会快速发展对道路客运服务提出的更高要求。

四是协同共享。发挥政府引导作用，健全法规政策，完善标准规范，以有效满足人民群众出行需求为根本出发点，统筹兼顾、协同推动客运资源的有效整合。充分发挥资源效能，在发挥道路客运要素优势和激发潜能的同时，保障道路客运体系有效运行，实现道路客运比较优势充分发挥。

二、分类维度

1. 供给关系

党的十九届五中全会提出，"充分发挥市场在资源配置中的决定性作用，更好发挥政府作用，推动有效市场和有为政府更好结合"。有效市场是资源配置的决定形式，有为政府能提高市场在资源配置方面的有效性，需要让有效市场和有为政府共同发挥作用，推动两种力量不断进行动态、有机磨合，最终实现生产要素的最佳配置。随着经济社会的发展，人民群众的消费理念、消费方式等均发生巨大变化，对客运服务供给侧与需求侧两端提出了越来越高的要求，对提升客运服务品质，丰富客运服务产品等期望值越来越高，高品质、个性化需求更加旺盛，要求深化道理客运供给侧结构性改革，发挥市场在资源配置中的决定性作用，丰富客运服务产品形式。同时，道路客运作为满足人民群众出行需求的基本运输方式，其普遍服务的社会功能不可或缺、不可替代的，政府应当承担必要的公共服务供给责任，尤其是对于市场不能有效解决的公共产品供给还需要政府发挥弥补作用。基于政府与市场在资源配置中的关系，优化道路客运经营分类管理需要充分考虑供给和需求的关系，既要充分发挥市场在资源配置中的决定性作用，又要更好发挥政府作用。

2. 经营区域

鉴于目前我国道路包括公路和城市道路两个体系，且公路与城市道路在技术标准、管理模式等多方面尚未实现顺畅对接，直接影响道路客运车辆通行条件。而且城际出行与市内出行在出行需求特征（如出行强度、出行目的、时间分布等）等方面存在显著差异,对道路客运组织模式及管理要求也会存在差异。所以,优化道路客运经营分类管理,需要统筹考虑城际、城市及城乡等不同经营区域的差异,明确不同经营区域的运营组织管理要求。

3. 客车类型

根据《道路交通管理机动车类型》,目前我国的载客汽车划分为微型载客汽车、小型载客汽车、中型载客汽车和大型载客汽车四类。其中,微型载客汽车是指车长小于或等于3.5m且发动机汽缸总排量小于或等于1L的载客汽车;中型载客汽车是指车长小于6m且乘坐人数小于或等于9人的载客汽车;中型载客汽车是指车长小于6m且乘坐人数为9~19人的载客汽车;大型载客汽车是指车长大于或等于6m且乘坐人数大于或等于20人的载客汽车。客车作为道路客运组织的核心要素,车辆类型是影响道路客运组织模式的重要因素,决定着运输组织模式安排及安全运营管理要求。因此,将客运车辆类型作为优化道路客运经营分类管理的一个纬度进行了重点考虑。

三、方案设计

基于供需关系、经营区域、营运距离等三个维度,顺应人民群众日益增长的多样化、个性化、品质化出行服务需求,坚持发挥市场在资源配置中的决定性作用,发挥好政府作用,将道路客运经营分类优化为定线客运和按需客运。

1. 定线客运

定线客运是指使用符合国家有关标准和规定的客运车辆,按照核准的线路、时间、站点和班次运营,为社会公众提供基本出行服务的道路客运经营服务活动。公共客运按照经营区域分为城际定线客运、城市定线客运和城乡定线客运。其中,城际定线客运是指在城市与城市之间,在道路上使用符合国家有关标准和规定的客运车辆,按照核准的线路、时间、站点和班次运营,为社会公众提供出行服务的公共客运服务方式。城市定线客运是指在城市地域范围内,在城市道路上使用符合国家有关标准和规定的客运车辆,按照核准的线路、时间、站点和班次运营,为社会公众提供出行服务的公共客运服务方式。城乡定线客运是指在道路上使用符合国家有关标准和规定的客运车辆,按照核准的线路、时间、站点和班次运营,起讫地至少有一端在乡村且主要服务于农村群众出行的公共客运服务方式。

2.按需客运

按需客运是指以满足旅客个性化出行需求为目的,使用符合国家有关标准和规定的客运车辆并提供驾驶劳务,按照旅客指定的起始地、目的地和时间运行的经营服务活动。按需客运根据使用的客运车辆类型分为一类按需客运和二类按需客运。其中,一类按需客运是指使用车长小于6m且核定载客人数不大于9人的营运性车辆并提供驾驶劳务,按照旅客指定的起始地、目的地和时间运行的按需客运服务方式。二类按需客运是指使用车长小于6m且核定载客人数大于9人的营运性车辆并提供驾驶劳务,按照旅客指定的起始地、目的地和时间运行的按需客运服务方式。

下面基于本书提出的道路客运经营分类优化方案,与现行的客运分类方案进行了对比。从公共客运分类来看,城际定线客运与现行的一类客运班线、二类客运班线、三类客运班线及毗邻县间客运经营范围基本一致;基于我国道路存在的公路与城市道路两个体系,优化方案中把城市定线客运服务范围限定在城市道路上运行的公共客运,与现行城市公共汽车客运服务范围基本一致;基于城乡居民出行特征与城市居民出行特征的差异,将城乡定线客运单独归类,服务范围界定为起讫地至少有一端在乡村且主要服务于农村群众出行,主要与农村客运、城乡公交服务范围基本一致。从按需客运分类来看,一类按需客运类使用车辆类型界定为使用车长小于6m且核定载客人数不大于9人的营运性车辆,包括了现行出租客运业务的所有经营范围,以及使用9座及以下乘用车开展包车客运业务的服务经营,可以较好地规避现行出租客运与包车客运存在的业务重叠交叉的问题;二类按需客运使用车辆类型界定为车长小于6m且核定载客人数不少于9人的营运性车辆,与现行包车客运业态经营范围大致相同。

从功能定位看,定线客运的功能定位为满足人民群众基本出行需求,政府应该提供的公共服务,是为了保障基本出行需求从供给侧提供的普遍服务。按需服务则是强调需求导向,是基于旅客需求提供的运输服务,是基于需求侧提供的满足旅客个性化、品质化、定制化服务需求的客运服务。从服务对象看,定线客运是面向社会公众提供的客运服务，不特定对象。按需客运则是面向个性化出行需求的旅客，按照旅客出行需求来提供客运经营服务。从服务属性看，定线客运是保障城乡居民"行有所乘"交通权的基础性公共服务，是满足人民群众基本出行需求的公共服务，具有稳定性特征。从按需客运服务属性来看，定位为经营性。从运营方式看，定线客运按照核准的线路、时间、站点和班次运营，是固定线路的客运服务方式。按需客运则是按照旅客指定的起始地、目的地和时间、线路运行，是非固定线路客运服务方式。表9-2所示为道路客运经营优化分类业态特征。

道路客运经营优化分类业态特征　　　　　　　　　　　表9-2

特征指标	公共客运	按需客运
功能定位	满足基本出行需求	满足个性化出行需求
服务对象	社会公众	个性化出行需求的旅客
服务属性	公共性运输经营	市场性运输经营
运营方式	按照核准的线路、时间、站点和班次运营	按照旅客指定的起始地、目的地和时间、线路行驶

第四节　创新道路客运管理体系政策建议

道路客运经营分类管理体系优化打破了对现行的道路客运分类管理体系，对管理思路、管理重心、管理手段和方式等都会带来巨大的影响，对道路客运行业管理提出了新的更高的要求。基于上述提出的道路客运经营分类优化方案，从管理思路、管理重点及监管方式等方面，提出道路客运经营管理制度优化调整的制度架构，为全面推进道路客运经营分类管理优化工作提供参考。

一、管理思路

1.完善政策法规体系建设

依托《中华人民共和国道路运输条例》修订工作，立足于完善综合运输体系建设的背景，重新定义道路客运的概念，整合现有道路旅客运输、城市公共汽车客运、出租客运等业务板块资源，调整优化道路客运经营管理分类，为道路客运分类规范管理依法行政提供法律支撑。与此同时,基于道路客运经营分类优化管理体系,立足人民群众出行服务和道路客运经营者的新需求,从顶层设计层面出台涵盖道路客运全类型业务的申请、审批、运营和监督的系统性部门规章,明确开展不同类型道路客运业务的准入许可、经营行为、监督检查、法律责任等具体要求,建立统一、开放、竞争、有序的道路客运市场格局,规范道路客运经营活动,维护道路客运市场秩序,提升道路客运服务品质,保障人民群众道路客运出行安全。

2. 厘清市场与政府的边界

对于提供基本出行服务的定线客运服务,明确行业管理政策制度设计需强化政府托底保障,明确线路日发最低班次要求,保障好人民群众的基本出行服务。同时给予企业在班次安排、车辆调配、驾驶员安排等方面更多的经营自主权,为推进道路客运结构性改革创造稳定良好的营商环境。更好地发挥政府作用,对于定线客运管理,进一步加大政府对定线客运服务的支持力度,在扶持政策、财政资金、设施建设等方面优先保障。对于提供个性化服务的按需客运服务,明确行业管理需要转变管理理念,由直接管理向侧重于间接管理转变,充分发挥市场在资源配置中的决定性作用,更多地通过市场竞争机制优化调整道路客运主体结构、运力结构、服务结构,让市场规则通过市场机制自然形成,而政府对于按需客运管理重点在于营造统一、开放、竞争、有序的道路客运市场环境,强化安全管理,提升政府监管服务效能。

3. 营造公平有序市场环境

把满足道路客运经营者以及人民群众出行服务的新需求作为优化道路客运经营分类管理工作的出发点和落脚点,优化调整既有制度设计,分别明确公共客运服务和按需客运服务的属性定位、监管职责和经营行为要求,注重构建"明规矩于前、寓严管于中、施惩戒于后"的道路客运事中事后监管体系,为道路客运行业实现转型升级创造公平、有序、包容的政策环境,给予客运经营者更多自主权,充分发挥市场在配置道路客运资源中的决定性作用,降低经营者的制度性交易成本,充分激发市场活力和创新能力,使道路客运经营分类优化创新发展成果更多更好地惠及人民群众。

二、管理重点

1.完善市场准入退出机制

一是明确市场准入制度。对定线客运、按需客运实行许可管理。从经营主体、经营范围、车辆数量及要求、驾驶人员、企业安全生产管理制度等方面,分别明确对城际定线客运、城市定线客运和城乡定线客运经营者的准入条件,并在许可条件中设置中增加定线客运线路日发班线下限要求,确保公共服务不缺位。从拥有车辆和驾驶人员要求、经营场所和停车场地等方面,明确按需客运经营者的准入条件。明确从事一类按需客运经营的车辆,应当为9座及以下且技术性能符合运营安全相关标准要求的营运车辆;从事二类按需客运经营的车辆,应当为9座以上且技术性能符合运营安全相关标准要求的营运车辆。

二是提高安全准入门槛。道路客运行业关系人民群众生命安全,保障安全是行业管理的重要职责和需要考虑的首要因素。适当提高驾驶员、客运车辆的市场准入门槛,在道路客运行政许可条件设置中,增加企业配置专职安全管理人员、相应的驾驶员数量必须与企业的经营方案相匹配以及与经营者的资金赔付能力相关等方面的要求。同时适当提高对驾驶员驾驶技能以及车辆性能的要求,增加设置驾驶时间限制性规定,加大对驾驶人员从业资历、驾驶技能以及影响驾驶安全性的生活习惯、心理素质等的审查范围和力度,确保道路客运驾驶员队伍的素质过硬,提高道路客运安全性。

三是优化线路准入方式。现行的道路旅客运输管理政策在行政许可实施过程中,把线路作为公共资源,在经营者间进行配置并进行数量管控,既干预了经营者灵活调整运输经营的基本要求,又难以满足旅客定制化、个性化的消费需求,由此还带来了线路资源的垄断和盘根错节的利益纠葛等问题。随着道路客运定位和功能的转变,市场竞争机制进一步形成和发展,定线客运线路管理重点应是围绕规范经营服务、维护市场秩序和突出安全管理等方面,重点考虑客运市场的普遍服务、方便群众、安全运营等因素,实施核准管理。为保障公共客运服务的相对稳定性、公平竞争性,明确线路运营权实行期限制,线路运营权期限届满后,交通运输主管部门可重新选择经营主体。

四是明确市场退出机制。建立完善道路客运市场主体依法有序退出机制,分别明确退出定线客运和按需客运市场条件和标准。对于不满足资质条件、发生重大违法行为、存在重大事故隐患的,依法采取吊销撤销许可证照等惩戒措施。

2. 规范道路客运价格管理

道路客运密切关系民生,其价格管理需要妥善处理提高市场效率和保障社会公平的关系,力求保障人民群众出行、国民经济稳定运行和各方合法价格权益。

一是定线客运定价强化政府指导。妥善处理提高市场效率和保障社会公平的关系,综合考虑社会公众支付能力、企业运营成本和政府财政实力,形成多层次、差异化的定线客运票制结构,构建群众可承受、运营可持续、财政可负担的定线客运票价体系。对实行低票价、减免票等形成的政策性亏损,政府应当给予适当财政补贴补偿。

二是按需客运实行市场调节价。按需客运建立以市场定价为主的价格形成体系。充分发挥市场机制及价格杠杆作用,充分反映运输成本、供求关系及服务层次的价格形成机制。按需客运运价管理中行业管理部门需要加强价格监测,并配合市场监管部门加强执法,规范经营者价格行为,保护旅客权益。

3. 强化经营服务管理要求

完善道路客运服务管理体系建设,明确运营车辆、场站设施、运营调度、行车服务、信息服务、运营安全、服务监督等要求,强化对定线客运线路规划及日发最低班次的规范性要求。加强道路客运行业标准规范建设,开展定线客运和按需客运的运营服务标准制修订工作,充分发挥标准规范对客运市场主体、运营服务的调节作用,进一步规范经营行为。

4. 完善事中事后监管机制

一是加强事中监管。综合运用书面、网络、现场等方式组织开展巡查、检查、抽查等,严格做好过程监控,督促市场主体符合准入条件,依法合规经营。重点监管企业和从业人员安全生产状况,检查超许可范围经营等违法经营行为。

二是加强事后监管。依法对市场主体的违法行为进行纠正和处理,维护市场秩序,营造公平的竞争环境,保障服务质量。就监管内容而言,主要包括三个方面:①资质动态监管。重点加强对客运企业获得许可后从事许可活动是否符合许可时所确定的条件、标准、范围、方式进行动态核查;对未经许可擅自从事相关客运经营活动进行监管。②市场主体行为监管。以依法加强对市场主体行为的监管为重点,推进市场行为监管体系建设,强化对道路客运经营主体落实主体责任情况以及履行法定义务等情况的监管,引导其自觉遵守道路客运法律法规,切实履行法定义务。③安全生产监管。落实客运企业安全生产主体责任,严格监督执行安全生产管理制度,重点监管各项安全生产法律法规、制度标准执行情况,安全管理制度、安全保障措施落实、安全培训等情况。

三、监管方式

1.加强市场监督执法

按照"宽进严管"的总体思路,对于道路旅客运输经营者和从业人员的许可条件、备案信息、行为规范和履行义务,明确具体惩戒措施,推动形成涵盖"市场进入、日常经营、行为自律、惩戒管理、市场退出"的全链条、闭环式监管模式,也为综合交通执法机构提供尽可能全面、详细、量化的执法标准。推广采取随机抽查、专项督察、事后稽查和绩效评估等方式,加强抽查结果运用,提高监管效能。对道路客运经营者和从业人员在日常经营活动中出现的违法经营和失信行为等,按照情节严重和影响程度,分类别设置处罚措施,确保综合交通执法机构在实施监督检查过程中,针对不同类别的违法违规行为相应的惩戒举措可操作、能实施。

2.推进信息化监管

针对道路运输行业点多、面广、分散、流动性强等监管难点,强调要发挥互联网、卫星定位、视频识别等现代信息技术优势,创新和完善动态监管技术手段,要求重点营运车辆必须配备卫星定位和视频监控装置,加强车辆与驾驶员的过程动态监控;要求网络平台经营企业及时向政府监管平台报送运营管理相关数据,加强对企业运营过程的透明化、实时化监管;加强现场电子取证和检测设施建设,积极推广网络监测、视频监控等非现场监管方式,实现在线即时监管,探索形成"来源可查、去向可追、监督留痕、责任可究"的完整信息链条,逐步实现监管和执法的全程信息化。

3.强化信用体系建设

完善客运市场信用体系建设,健全守信激励与失信惩戒机制,构建以信息归集共享为基础、以信息公示为手段、以信用监管为核心的道路客运监管制度。加强信用评级、信用记录、风险预警、违法失信惩罚的管理,把信用评价作为客运市场监管的重要手段。加快建立健全诚信考核制度,加强对道路客运经营者、从业人员诚信考核,并定期向社会公布考核结果,加强社会监督,引导客运市场经营主体充分认识信用状况对自身发展的激励约束作用,促使其主动接受监督,提高诚信自治水平。

参考文献

[1] 田仪顺.新时代背景下道路客运发展新定位及新方向[J].综合运输,2018(2):18-22.

[2] 龚露阳,刘振国.综合运输背景下道路客运转型发展趋势与对策[J].交通运输研究,2020,6(2):1-12.

[3] 单建华,王玉辉,吴扬,等.新形势下道路客运转型发展路径研究[J].苏州科技大学学报(工程技术版),2020,33(S1):13-16.

[4] 吴群琪,王佳彬,王睿,等.基于出行剩余理论的运输方式选择研究[J].交通运输系统工程与信息,2021,21(1):2-7.

[5] 王睿.新形势下班线客运持续经营机理研究[D].西安:长安大学,2022.

[6] 李文锋,刘盼盼,罗云,等.我国道路客运服务综述[J].物流技术,2017,36(2):13-18.

[7] 宋金鹏.道路运输市场竞争与垄断结构分析[D].西安:长安大学,2016.

[8] 李军.定制客运选择行为分析与动态运行计划优化研究[D].北京:北京交通大学,2020.

[9] 李传华,吴昊.高铁运行影响下道路运输旅客选择概率变化特性研究[J].西安建筑科技大学学报(自然科学版),2018,50(5):741-748.

[10] 王英涛.高铁时代我国道路客运发展的新定位[J].综合运输,2010(12):62-64,77.

[11] 牛强.高速铁路客运对道路班线客运影响实证分析[D].西安:长安大学,2017.

[12] 汪江波,吴晓慧.综合运输体系下道路客运业如何实现转型发展[J].交通与运输,2010,26(4):18-19.

[13] 付丽萍.传统道路客运公司的困境与出路选择[D].西安:陕西师范大学,2016.

[14] 薛松.全域旅游背景下"运游结合"模式发展研究[J].交通企业管理,2018,33

(4):15-17.

[15] 马晓恬.道路客运与高速铁路客运协同发展研究[D].西安:长安大学,2018.

[16] 高磊.我国道路旅客运输行业发展趋势研究[D].成都:西南交通大学,2016.

[17] SPERRY B R. Review of Global Evidence of the Ridership and Transportation System Impacts of High-Speed Rail[C]// Proceedings of International Conferenceon Transportation and Development 2016: Projects and Practices for Prosperity. Houston: American Society of Civil Engineers, 2016: 611-622.

[18] 文浩,王芳,杨阳.基于生命周期理论的道路客运发展[J].长沙理工大学学报,2014,11(2):20-24.

[19] 雷永巍,伟轩,程坤.综合运输体系下的道路客运企业转型策略研究[J].广东交通职业技术学院学报,2022,21(1):8-12.

[20] 张碧瑜.道路客运针对供需平衡的供给侧改革方案研究[J].内蒙古公路与运输,2018(4):57-59.

[21] 赵炜华,乔晓亮,边浩毅.互联网与道路客运融合发展研究[J].交通世界,2018(11):42-43.

[22] 吴群琪,李丽.道路旅客运输行业的政府管制[J].交通运输工程学报,2006(2):107-112.

[23] 王健.需求响应交通服务的法规思考[J].运输经理世界,2015(7):44-46.

[24] 唐威,楼晓寅,徐丽.城乡道路客运发展相关理论研究与政策建议[J].综合运输,2013(12):22-28.

[25] 王健.从美国公共交通行业的演变看中国需求响应交通的发展前景[J].运输经理世界,2015(23):74-76.

[26] SEPEHR G A. Modeling effects of traveltime reliability on mode choice using cumulative prospect theory[J]. Transportation Research Part C, 2019, 108(10): 245-254.

[27] 吴群琪,王睿,王佳彬.旅客出行选择道路运输服务方式的机理研究[J].综合运输,2022,44(8):29-34.

[28] 吴娇蓉,刘安娜.基于运营特征的通勤定制客运线路提供机制市场化发展策略[J].综合运输,2021,43(7):41-47.

[29] 王涛,王健.澳大利亚按需交通法规中的安全责任体系[J].运输经理世界,2019(4):90-93.

[30] 许庆斌,荣朝和.运输经济学导论[M].北京:中国铁道出版社,2009.